LA SALLE DES MARTYRS

AVEC DES NOTICES

SUR

PLUSIEURS MARTYRS CHINOIS

PAR LE P. PERNY

DES MISSIONS ÉTRANGÈRES

MIS EN ORDRE

PAR A. DE GRAFFIGNY

TOURS

ALFRED MAME ET FILS

ÉDITEURS

LA

SALLE DES MARTYRS

—

3ᵉ série in 12

PROPRIÉTÉ DES ÉDITEURS

Martyre de Joachim Ho.

LA SALLE DES MARTYRS

AVEC DES NOTICES

SUR

PLUSIEURS MARTYRS CHINOIS

PAR LE P. PERNY

DES MISSIONS ÉTRANGÈRES

MIS EN ORDRE

PAR A. DE GRAFFIGNY

TOURS

ALFRED MAME ET FILS, ÉDITEURS

1884

LA
SALLE DES MARTYRS

LIVRE DES SORTIES

DES

PROSCRITS MARTYRS CHINOIS

PAR M. DE CHAPDELAINE

TOURS
ALFRED MAME ET FILS, ÉDITEURS
1881

LA
SALLE DES MARTYRS

I

UN DERNIER MARTYR

Paris, dit M. le comte Anatole de Ségur, est la ville des merveilles. Les palais et les monuments y abondent, les arts et les sciences y ont de splendides demeures. Des musées de tout genre y étalent aux yeux les productions entassées de la nature, de la civilisation antique et de l'industrie moderne. Le muséum d'histoire naturelle offre la réunion incomparable de toutes les créatures connues sorties de la main inépuisable de Dieu. Le musée égyptien, le musée d'artillerie, le musée de marine, le musée des antiquités, les musées de peinture et de sculpture, attirent à l'envi l'admiration des visiteurs. Enfin, le musée des souverains raconte aux yeux l'histoire des dynasties et des princes qui ont régné sur la France : histoire muette, mais éloquente, et qui, plus concise encore et plus énergique que Tacite, pour rappeler toutes nos révolutions, présente aux regards la couronne et le sceptre de Napoléon entre les souliers déchirés de Marie-Antoinette et le bureau brisé de Louis-Philippe.

Tous ces musées, tous ces monuments, toutes ces magnificences de la grande ville, ont été mille fois célébrés, et nul étranger ne les ignore. La foule y afflue ; quiconque a passé huit jours à Paris les a scrupuleusement visités, et les Parisiens eux-mêmes les connaissent au moins de réputation.

Mais à côté de ce monde des arts et des sciences, des souvenirs royaux, des grands monuments et des palais magnifiques, il est à Paris tout un autre monde qui a, lui aussi, ses monuments, ses musées et ses souvenirs ; un monde presque inconnu de la multitude, dont les livres ne disent rien, que les étrangers ne visitent pas plus que les Parisiens, près duquel les uns et les autres passent avec indifférence quand ce n'est pas avec mépris : c'est le monde de la foi, de la prière et de la charité catholique. De ce monde on connaît bien quelque chose ; on connaît les merveilles de ses temples, les sculptures de ses portiques, les ornements de ses autels, les pompes de ses cérémonies ; mais on ignore ses beautés véritables, ses œuvres, ses trésors, ses sanctuaires intimes avec leur histoire et leurs souvenirs ! C'est un de ces trésors cachés, un de ces sanctuaires que je voudrais faire connaître et admirer entre tous, parce que je n'en sais point de plus touchant pour tout homme qui a conservé, je ne dis pas de la foi, mais du cœur.

Depuis que l'éminent auteur des *Témoignages et Souvenirs* a écrit ces lignes[1], de nouveaux motifs d'émotion, d'admiration, de reconnaissance, s'imposent à quiconque franchit le seuil de ce musée sacré ; que dis-je ! à quiconque pénètre dans cette calme et sainte retraite où toute une légion de courageux athlètes prélude, par la prière, le silence, l'étude, l'austérité de vie, à la gloire de porter la bonne nouvelle aux extrémités au monde et à la faveur enviée de combattre le bon combat.

Ce ne sont plus seulement, en effet, les missionnaires tombés sous le glaive de l'infidèle que l'Européen, le Français, va vénérer en cette demeure bénie. Un spectacle plus saisissant encore

---

[1] 1862.

l'y attend. Il y peut converser avec deux confesseurs de la foi échappés tous deux comme par miracle, non pas, hélas! à la cage grillée et à la cangue de l'extrême Orient, mais à la rage folle de bourreaux suscités en plein Paris et en plein dix-neuvième siècle par ces hordes impies et sacrilèges qui ont à jamais avili un des plus grands mots de notre langue nationale : *la commune!*

Un de ces héros de l'Église et de la France chrétienne pourra leur redire les détails qu'il a déjà consignés dans un beau et bon livre[1], où il dépeint les angoisses et les joies de ces deux mois de captivité, par lesquels la commune trouva bon de récompenser le dévouement des religieux pendant la guerre. Angoisses du citoyen qui pleure sur les maux de la patrie et sur l'aveuglement criminel de ceux qui se font ses bourreaux! Joie du chrétien fervent qui se félicite d'être admis à gravir le Calvaire à la suite du divin Maître!

L'autre parlera aussi de ses sentiments d'amour, de résignation, de patriotisme, s'exhalant en prières ferventes derrière ces murailles silencieuses qui isolent Mazas du monde des vivants. Ce qu'il ne dira pas, mais ce que cha-

---

[1] *Deux Mois de prison sous la commune.*

cun sait maintenant en France, ce qui demeurera légendaire à la gloire de notre clergé, c'est le mouvement d'héroïque charité qui le porte au moment du suprême péril à offrir sa vie à un père de famille, afin de conserver celui-ci à la tendresse de ses enfants. Ce sacrifice sublime ne fut pas accepté; l'occasion même ne se présenta point; le salut vint pour tous avant que la victime à laquelle ce vaillant cœur voulait se substituer fût appelée; mais l'offre n'en avait pas moins été faite, et faite avec une spontanéité, une simplicité qui élève cet acte au niveau des traits les plus admirables que l'humanité ait consignés dans ses annales. Encore n'est-ce pas là tout ce que le *séminaire des Missions étrangères* a recueilli d'honneur et de bénédictions au cours de cette période sinistre de persécution religieuse, s'exerçant dans un pays catholique et sous les auspices de la soi-disant liberté de conscience! La sainte maison ne s'est pas seulement enrichie de nouveaux confesseurs de la foi, elle a reçu une consécration plus haute : sa glorieuse nécropole, la salle des Martyrs, s'est ouverte à de nouveaux trophées. C'est une gloire qui était bien due à cette Société illustre autant que dévouée, qui, depuis deux siècles, a fécondé de ses sueurs et de son sang tous les sillons laborieusement creusés par les apôtres de l'Évangile dans l'extrême Orient.

Après avoir prodigué les martyrs pour la propagation de la foi, il lui a été donné d'en offrir un pour le salut et le rachat de la France, cette patrie bien-aimée dont elle a porté le nom et l'amour, en même temps que ceux de Dieu, jusqu'aux extrémités de la terre.

Avant de décrire la salle des Martyrs et de présenter au lecteur les actes de quelques-uns des vénérables confesseurs de la foi, dont les ossements y attendent la résurrection glorieuse, nous croyons devoir esquisser rapidement l'histoire de ce séminaire spécial qui a tant contribué à placer la France au premier rang parmi les *peuples évangélisants*, en même temps qu'il élevait l'œuvre des Missions au premier rang de nos institutions religieuses et de nos gloires nationales.

II

LE SÉMINAIRE DES MISSIONS ÉTRANGÈRES

Au cœur, si l'on peut ainsi parler, du faubourg Saint-Germain, dans ce Paris que les étrangers ignorent et que beaucoup de Parisiens connaissent à peine, formant angle à la rue du Bac et à celle de Babylone, au fond d'une cour retirée, s'élève « un établissement modeste et tranquille qui se compose d'une église et d'un bâtiment antique, sombre, sans aucune décoration extérieure. Au dedans, de grands escaliers tels qu'on les construisait autrefois, de larges corridors qui courent d'un bout à l'autre de chaque étage, donnent à cette maison un air de vieillesse et de gravité. Les seuls ornements des murs consistent dans quelques images de la très sainte Vierge et de saints, qui indiquent que les habitants de cette demeure sont des chrétiens, et dans des cartes de géographie, cartes de l'Inde, de l'Asie et de l'Océanie, qui semblent indiquer qu'ils sont aussi de hardis voyageurs.

« De chaque côté des corridors, des portes placées symétriquement à la suite l'une de l'autre s'ouvrent sur de petites chambres, semblables à des cellules, dont les murailles sont pauvres et nues, et dont un vieux bureau chargé de vieux livres, et une mappemonde, un lit et quelques chaises de paille composent tout l'ameublement. L'austérité de ce séjour n'est tempérée que par la vue d'un vaste et beau jardin, où l'œil se repose sur de frais gazons et va se perdre sous de longues allées bordées d'arbres, pleines d'ombre et de fraîcheur. Tout, dans cette maison, respire le silence, la paix et le recueillement. Les bruits de la rue expirent à ses portes; c'est vraiment une solitude au cœur de Paris, et cette solitude est le séminaire des Missions étrangères.

« C'est là que quatre-vingts ou cent jeunes prêtres, sans cesse renouvelés, déjà séparés du monde qui ne les connaît pas, se préparent, dans la prière et la retraite, à aller prêcher l'Évangile aux peuples infidèles de l'Inde, de la Chine et du Japon. C'est là qu'ils se livrent avec ardeur à l'étude des langues asiatiques, non pas pour aller porter leur science dans une chaire du collège de France ou sur les bancs enviés d'une académie, mais pour évangéliser des idolâtres, et pouvoir un jour rendre témoignage à Jésus-Christ dans la langue de leurs juges et de leurs bourreaux! C'est de là, enfin, qu'ils partent incessamment, comme jadis les apôtres au sortir de Jérusalem, pour se disperser et porter la parole de Dieu jusqu'au bout du monde, agneaux envoyés sans défense au milieu des loups, sublimes et infatigables voyageurs que dévore, non la soif de la science, mais la soif des âmes, la soif insatiable du sacrifice et de la charité!

« Cette maison est certainement une des plus vénérables du monde entier. Tout y prêche l'esprit de détachement, de dévouement et d'immolation; c'est un séminaire d'apôtres et de martyrs[1]. »

Ce saint asile, d'où sont partis tant de générations de pacifiques et glorieux conquérants, fut fondé en 1663, sous le pontificat du pape

---

[1] *Témoignages et Souvenirs*, par M. le comte Anatole de Ségur.

Alexandre VII et sous le règne de Louis XIV, dans le but spécial de former des sujets qui s'occupassent exclusivement *de la conversion des infidèles dans les pays étrangers.*

Le père de Rhodes, de la compagnie de Jésus, qui le premier avait porté la lumière de l'Évangile en Tong-King et en Cochinchine, fut le promoteur de cette œuvre. Ayant expérimenté par lui-même la difficulté de faire pénétrer la foi dans des pays dont l'autorité écartait avec un soin jaloux tout élément étranger, il résolut de créer un clergé indigène. Et pour cette œuvre, aussi périlleuse que difficile à réaliser, il pense à la France, cette patrie par excellence des âmes ardentes et généreuses. Après avoir soumis son projet au souverain pontife, qui l'approuva et l'encouragea, le père de Rhodes vint à Paris. Il s'agissait de créer un noyau d'ouvriers évangéliques, destinés à devenir les premiers pasteurs des pays infidèles. Onze jeunes gens entrèrent dans les vues du pieux missionnaire et se placèrent sous sa direction. Sur ces entrefaites, un religieux de l'ordre des Carmes déchaussés, évêque titulaire de Babylone ou Bagdad, qui avait passé une grande partie de sa vie en Perse, vint en France pour y recueillir des dons pour son église, et surtout y recruter des hommes de bonne volonté pour le champ si inculte en Orient encore du Père de famille.

Des infirmités précoces, dont les **fatigues du voyage** développèrent le germe, ne permirent pas au père Bernard de Sainte-Thérèse de retourner vers son troupeau. Il dut se fixer à Paris. L'œuvre ébauchée par le père de Rhodes séduisit son zèle; il s'y associa et en devint bientôt l'âme. Il obtint de la générosité de quelques personnes pieuses le don d'un vaste local situé dans la rue du Bac, au coin de la rue Fresnaie, qui prit à cette occasion le nom qu'elle porte encore de rue de Babylone.

Louis XIV s'intéressa personnellement à cette fondation, dans laquelle son génie lui montrait un des plus puissants pivots de l'ascendant du nom et du drapeau de la France en Oreint, pendant que sa foi de chrétien lui faisait pressentir tous les fruits de bénédiction que produirait, pour la métropole, cette action incessante exercée par elle sur l'œuvre, grande entre toutes, de l'extension du royaume de Dieu sur la terre. Ce fut lui, assure-t-on, qui lui donna le titre qu'elle a gardé de *séminaire des Missions étrangères*.

Les deux plus puissants génies de l'Église de France, au XVIIe siècle, attachèrent leur nom au début de l'œuvre nouvelle. La grande parole de Bossuet se fit entendre dans la cérémonie d'installation du séminaire (27 octobre 1663). Il appartenait à *l'Aigle de Meaux* de donner son point de départ à l'élan magnifique qui devait, à travers les siècles, entraîner par delà les mers tant de cœurs magnanimes à la conquête des âmes.

Quelques années plus tard, à l'occasion du voyage en France d'un des premiers disciples du père de Rhodes, « Mgr Pallu, évêque d'Héliopolis, membre en même temps que précurseur, si l'on peut ainsi parler, de la congrégation Fénelon, donna à l'œuvre naissante et déjà prospère la consécration de son éloquence et de sa tendre charité. »

« Nous avons vu, dit-il en parlant du pieux apôtre, nous avons vu cette vieillesse prématurée et touchante, ce corps vénérable et courbé, non sous le poids des années, mais sous celui de ses pénitences et de ses travaux... Nous l'avons vu qui venait de mesurer la terre entière; mais son cœur, plus grand que le monde, était encore dans ces contrées si éloignées. L'esprit l'appelait à la Chine, et l'Évangile, qu'il devait à ce vaste empire, était comme un feu dévorant au milieu de ses entrailles. Allez donc, saint vieillard! traversez encore une fois l'Océan étonné et soumis! allez au nom de Dieu! vous verrez la terre promise; il vous sera donné d'y entrer, parce que vous avez espéré contre l'espérance même. »

Ces paroles, prononcées par Fénelon au sujet du pieux évêque d'Héliopolis, ont pu pendant deux siècles et peuvent encore s'adresser à chacun des membres de la congrégation des Missions étrangères : l'esprit de zèle, d'abnégation, de charité et d'ardeur ne s'est pas un seul instant affaibli dans ses rangs. Telle était à son début cette pépinière d'apôtres et de martyrs, tels le monde les admire et les glorifie.

Supprimé par la révolution, rétabli en 1804 par Napoléon, le séminaire des Missions étrangères se trouvait, par la perte de ses revenus, entravé et sérieusement menacé dans l'exercice de son apostolat, lorsqu'en 1822 la Providence lui vint manifestement en aide en inspirant à une âme généreuse la pensée de fonder l'œuvre de la Propagation de la foi.

L'anniversaire de cinquantaine, *les noces d'or* de cette œuvre, source abondante de bénédictions pour la France, de promesses pour son avenir, en appelant plus particulièrement l'attention de la chrétienté sur ses résultats, mettait naguère en lumière et établissait, grâce à l'éloquence indiscutable des chiffres, l'importance de cet arbre immense qui est sorti de ce grain de sénevé dont parle l'Évangile, lequel, dit-il, est la plus petite de toutes les semences; il couvre aujourd'hui de ses rameaux l'univers entier.

Le séminaire des Missions étrangères est administré par six directeurs, choisis parmi les anciens missionnaires. « Tous ont vu le feu, et plusieurs, comme les Pères de Nicée, portent les stigmates de la persécution. La direction du séminaire n'est pas leur seule occupation. Ils sont encore chargés du soin des diverses chrétientés. Chacun d'eux représente une contrée, lui envoie des missionnaires, la fournit des choses nécessaires ou utiles. Grâce à cette organisation si simple, mais si ingénieuse, les missions les plus reculées ont dans la capitale de la France des hommes qui prennent leurs intérêts en main et plaident leur cause au tribunal de la charité.

Dix-sept vicariats apostoliques, desservis par les membres de la congrégation qui nous occupe, forment trois missions distinctes :

La *mission d'Asie,* comprenant les vicariats apostoliques de la Corée, du Japon et de la Mandchourie;

La *mission de l'Inde,* comprenant les vicariats apostoliques de Pondichéry, de Maïssour et de Coimbatour;

Enfin, la plus importante des trois, la *mission de Chine,* compte onze vicaires apostoliques et deux supérieurs de mission[1].

---

[1] La congrégation des Missions étrangères n'est pas en France la seule société ayant pour but spécial la propagation de la foi. On compte encore : 1° la congrégation des prêtres de la Mission (Lazaristes). Devancière de celle qui nous occupe, elle fut fondée en 1617 par saint Vincent de Paul, et érigée en congrégation en 1632. Dès le début et dans la pensée de leur fondateur, les lazaristes étaient destinés à donner des missions dans nos campagnes. Les premiers qui allèrent en Chine y furent envoyés en 1697, par le souverain pontife; 2° la congrégation du Saint-Esprit et du Saint-Cœur de Marie, fondée en 1703, dans le but de servir de séminaires diocésains aux évêchés des Antilles françaises et des îles de France et de la Réunion. Cette congrégation est surtout chargée d'évangéliser l'Afrique; 3° la congrégation du Sacré-Cœur et de l'Adoration perpétuelle, dite de Picpus, s'occupe des missions et de l'enseignement. L'Amérique méridionale et l'Océanie orientale sont les théâtres de ses travaux apostoliques; 4° la congrégation de Sainte-Marie de Lyon (maristes), approuvée en 1836, a obtenu du souverain pontife le pieux monopole de l'Océanie occidentale. Venue la dernière dans le champ du Père de famille, cette société a eu la bonne et glorieuse fortune de teindre de son sang les premiers sillons qu'elle y a tracés.

III

LA SALLE DES MARTYRS

C'est surtout, ainsi que nous venons de l'indiquer, dans ces régions plus inaccessibles que toutes les autres aux lumières de la civilisation chrétienne par le soin jaloux avec lequel les étrangers en sont tenus écartés; c'est dans cet extrême Orient, où, le Christ et l'Évangile en main, les missionnaires ont servi de pionniers, si l'on peut parler ainsi, à nos drapeaux et à nos soldats, que s'exerce le zèle des membres de la congrégation des missions étrangères.

C'est là, « en Chine, au Tong-King, en Cochinchine, à Siam, en Corée, qu'ils ont travaillé et qu'ils ont souffert. C'est là que se sont vérifiées pour eux, comme pour les apôtres, les paroles de Notre-Seigneur : « Ils vous feront comparaître « dans leurs assemblées, ils vous flagelleront « dans leurs synagogues ; vous serez conduits à « cause de moi devant les gouverneurs et les « rois, pour me rendre témoignage devant eux « et devant les gentils... Vous serez en haine à « tous à cause de mon nom... Le temps vient « où quiconque vous fera mourir croira faire « un sacrifice à Dieu. »

« Dans les premières années de leur prédication, ces hommes apostoliques eurent des persécutions à supporter. Plusieurs furent mis à mort pour le nom de Jésus-Christ ; d'autres moururent dans les prisons. Mais c'est surtout dans ces derniers temps que le séminaire des Missions étrangères a eu le bonheur de donner des martyrs à la sainte Église. Depuis l'année 1815, douze de ces missionnaires ont été juridiquement décapités pour la foi, deux ont été étranglés, un a été coupé en morceaux, plusieurs sont morts dans les prisons. A leur suite un grand nombre de chrétiens et de prêtres indigènes ont versé leur sang pour Jésus-Christ.

« Les restes précieux de ces nouveaux martyrs, qui de nos jours ont empourpré l'Église de leur sang, ont été recueillis avec vénération et amour. Les instruments de leur supplice, les chaînes qu'ils ont portées dans les prisons, les linges trempés dans leur sang, tous les objets qui ont servi à leur usage sont devenus des reliques conservées avec soin par les chrétientés, gardées comme des trésors par les fidèles, pour le jour où la sainte Église rendra un culte public à ces nouveaux témoins du Seigneur.

« Les chrétientés de l'Orient n'ont pas gardé pour elles toutes ces richesses ; elles se sont souvenues de la nation qui leur a envoyé les messagers de l'Évangile, et, par reconnaissance, elles ont voulu partager avec elle leur riche trésor. C'est ainsi que la France catholique s'est enrichie des reliques précieuses de ses enfants et des martyrs indigènes convertis par eux. Plusieurs diocèses possèdent quelques-unes de ces reliques ; mais le principal dépôt est à Paris, au séminaire des Missions étrangères.

« En 1842, on y recevait le corps de Mgr Borie, missionnaire au Tong-king, élu évêque d'Acanthe. Il était parti du séminaire plein de vie, en 1830, et douze ans plus tard ses ossements seuls y rentraient. La joie fut cependant plus grande à son retour qu'à son départ, car ses ossements étaient les ossements d'un martyr. Les vieux missionnaires directeurs du séminaire et les jeunes prêtres ou lévites qui se préparaient à la vie apostolique, pouvaient contempler avec attendrissement, sur la mâchoire inférieure du martyr, les coups de sabre qui l'avaient mis en possession de la couronne.

« Le corps du vénérable Borie fut déposé dans une chambre du séminaire en attendant le jugement de l'Église. Bientôt autour de la châsse qui renfermait les restes du martyr, vinrent s'en ranger d'autres : elles contenaient les corps des vénérables Gagelin et Jaccard, étranglés pour la foi en Cochinchine, et ceux de plusieurs Chinois et Annamites mis à mort pour Jésus-Christ. En même temps la chambre s'enrichissait de cangues et de chaînes portées par les martyrs pendant leur captivité ; leurs lettres autographes et leurs vêtements, les objets dont ils s'étaient servis y prenaient place tour à tour. Des tableaux, peints par des indigènes de l'extrême Orient, représentant les supplices des martyrs, furent suspendus aux murs. C'est ainsi que, sans dessein préconçu, fut ornée cette modeste chambre qu'on s'accoutuma à désigner sous le nom de *salle des Martyrs*.

« D'abord les habitants seuls du séminaire visitèrent cette salle. Les aspirants aux missions aimaient à venir s'agenouiller devant les ossements de ceux qui les avaient précédés dans la carrière, et sur les traces desquels ils allaient marcher. Tous les soirs, avant d'aller prendre leur repos, ils venaient emflammer leur zèle apostolique au milieu des trophées de leurs frères aînés, et méditer quelques instants sur le bonheur de souffrir pour Jésus-Christ. Bientôt quelques pieux fidèles demandèrent avec instance à être admis, eux aussi, à visiter la salle des Martyrs. On ne put leur refuser leur demande. Ces premières personnes en amenèrent d'autres, et c'est ainsi que le public a peu à peu appris le chemin de la salle des Martyrs [1]. Maintenant il ne se passe plus de jour où quelques personnes ne demandent la faveur d'être admises à visiter le trésor du séminaire. »

Ces explications, toutes sommaires qu'elles sont, justifient et font comprendre au lecteur le mot de l'auteur des *Témoignages et Souvenirs :* « Malgré soi on se signe et l'on baisse la voix comme dans une église ! »

Il y a, en effet, dans ce sanctuaire élevé au

---

[1] *La Salle des Martyrs du séminaire des Missions étrangères.* Ce vol. in-18 jésus de 532 pages contient la description détaillée de la salle des Martyrs : tableaux, châsses, souvenirs, notices, etc.

souvenir et à la gloire de tant de martyrs, — dont la plupart ont déjà reçu de l'Église le titre de vénérables, — il y a tout à la fois la majesté auguste des plus saintes basiliques et le calme mystérieux des tombeaux. On y éprouve ce que l'on doit ressentir en pénétrant dans les catacombes : un respect profond mêlé d'une crainte involontaire ; on voudrait assoupir jusqu'au bruit de ses pas, jusqu'à l'imperceptible murmure de sa respiration... : ce n'est déjà plus la terre ; c'est le vestibule du ciel.

La disposition de la pièce, son ornementation, la teinte rouge qui y domine et projette sur tous les objets comme un reflet du sang des martyrs ; le parfum étrange qui flotte dans l'air [1], les peintures qui décorent les murailles, — « peintures chinoises sans art et sans perspective, mais d'une terrible réalité, » — et avec lesquelles alternent des trophées d'instruments bizarres dont le lecteur des actes des martyrs reconnait en frissonnant le cruel usage : tout « parle aux yeux comme au cœur ».

Toutefois cette première impression, pour si vive qu'elle soit, n'est qu'un prélude et comme

---

[1] Les objets de provenance chinoise répandent une odeur particulière et pénétrante qu'ils ne perdent jamais.

une sorte de préparation à ce que l'on éprouve lorsque, au milieu de cette imposante mise en scène, l'œil s'arrête sur ces reliquaires remplis d'ossements desséchés ; sur ces tablettes où se pressent des objets d'aspects si disparates et de provenances si diverses ; où les chaînes de fer qui ont retenu au pilori de la honte et de l'infamie les généreuses victimes du plus beau des dévouements sont placées à côté des cordes qui ont, à la dernière heure, lié leurs membres meurtris ; où la feuille de papier couverte des mystérieux caractères de la sentence de mort des martyrs étend ses plis sur les ornements déchirés, ou sur le linge sanglant de la sainte victime ; où enfin le crucifix sur lequel se sont posées avec amour les lèvres mourantes d'un héroïque confesseur, murmurant la prière dernière, le vœu suprême de l'apôtre en faveur de ses bourreaux, s'appuie aux débris de l'instrument du supplice sur lequel s'est dénoué le drame sublime dont il a été le témoin et le consécrateur !

Nous ne connaissons pas de spectacle plus beau, plus émouvant et en même temps plus consolant. Combien de miracles inconnus ont dû s'accomplir dans ce musée qui est en même temps un sanctuaire ! Que de résurrections religieuses et morales ont dû y avoir leur point de départ ! Que de résolutions saintes, de vocations sublimes ont dû y prendre naissance ! C'est le propre et la gloire de la poussière des martyrs de féconder tout ce qu'elle touche.

IV

LES CHASSES DES MARTYRS

Nous ne décrirons pas les tableaux qui, dans la *salle des Martyrs*, initient le visiteur à tous les détails de la torture et du supplice, tels qu'ils sont pratiqués dans l'extrême Orient. La plume serait impuissante à rendre l'effrayant réalisme de cette peinture simple, naïve et vraie.

Nous passerons immédiatement aux châsses contenant les ossements des vénérables confesseurs de la foi. Encore parmi ces châsses ne nous arrêterons-nous qu'à celle qui renferme les restes précieux du vénérable Joachim Hô, dont la précieuse légende, autour de laquelle nous avons groupé celles des autres martyrs fournis par la même province de l'empire chinois, — la province du Koúy-tchéou, — forme le sujet de ce livre.

Ces châsses, au nombre de treize, sont disposées sur des gradins ; elles renferment les ossements d'autant de martyrs, soit missionnaires, soit chrétiens indigènes.

« En allant de la porte au fond de la salle, dit le guide du visiteur de ce musée de nos plus belles gloires chrétiennes [1], la première châsse que l'on rencontre sur le gradin supérieur renferme les restes du vénérable Joachim Hô, étranglé pour la foi, le 9 juillet 1839, à Koúy-yang, capitale de la province de Koúy-tchéou, en Chine. Si l'on en excepte ceux du bras droit, ces ossements sont les seuls qui restent de ce martyr. Exhumés le 6 septembre 1852, et envoyés au séminaire de Paris par Mgr Albrand, alors vicaire apostolique du Koúy-tchéou, ces précieux ossements sont contenus, au nombre de cent quarante-huit, sans compter les dents, dans trois paquets enveloppés d'étoffe rouge et munis du sceau de la mission : ils n'ont pas encore été ouverts.

---

[1] *La Salle des Martyrs du séminaire des Missions étrangères.*

« La deuxième châsse, sur le même gradin et en allant toujours de la porte au fond de la salle, est celle du vénérable Gagelin, né au diocèse de Besançon, prêtre de la société des Missions étrangères, étranglé pour la foi, le 17 octobre 1833, à Hué, capitale de la Cochinchine. En 1847, Mgr Cuenot, vicaire apostolique de la Cochinchine orientale, fit enlever ses ossements de la chrétienté de Phu-cam, où ils avaient été déposés en terre, et les envoya au séminaire de Paris. Ils sont au nombre de trentre-trois. La châsse contient en outre une assez grande quantité de fragments de poussière d'ossements, mêlés avec de la terre, ainsi qu'une partie des cheveux du martyr. Le terrain humide où ils furent enterrés, la longueur du temps qui s'écoula jusqu'à l'exhumation endommagèrent ces restes précieux et surtout le chef du martyr. Le 9 septembre de l'année où ils furent envoyés, on les déposa dans cette châsse, ainsi que les procès-verbaux du délégué de l'archevêché et des médecins qui en firent la reconnaissance. La châsse fut ensuite scellée, et elle n'a pas été ouverte depuis.

« La troisième châsse, qui occupe le milieu de ce gradin supérieur, contient presque tous les ossements de Mgr Pierre Dumoulin-Borie, du diocèse de Tulle et de la société des Missions étrangères. Évêque élu d'Acanthe, il reçut ses bulles dans la prison d'où il ne sortit que pour aller au supplice, le 24 novembre 1838.

« Le corps du martyr fut enterré au lieu de l'exécution, et ce ne fut qu'un an après que M. Masson, missionnaire du Tong-king, put l'en faire exhumer. Comme le lieu de la sépulture était un terrain très humide, M. Masson, pensant que les chairs devaient être en putréfaction, donna ordre au catéchiste Thieny, qu'il chargea de l'exhumation, de consumer avec de la chaux vive les chairs qui pourraient rester encore, et de ne lui apporter que les ossements. L'eau, comme on s'y attendait, avait pénétré dans le cercueil ; mais aussi, contre toute prévision, le corps du martyr était entier, sans couleur livide et sans mauvaise odeur. Comme le cercueil dans lequel on avait mis le corps de Mgr Borie était trop petit pour sa haute taille, les pieds en dépassaient de la longueur d'un palme, et les chairs seules de ce qui dépassait se trouvèrent un peu molles. Cette conservation si complète et si extraordinaire était inexplicable. Malheureusement l'ordre que le missionnaire avait donné à son catéchiste fut exécuté à la lettre. Au lieu d'aller prévenir le missionnaire de cette merveilleuse conservation, Thierry et ses compagnons se mirent à déchirer les chairs de la tête, et, plaçant le corps dans une fosse, ils le couvrirent de chaux vive et le laissèrent deux jours dans cet état. Au bout de ce temps, comme les chairs n'étaient pas consumées, ils les découpèrent afin de ne prendre que les ossements, que M. Masson enterra à la chrétienté de Ke-gôm. En 1842, Mgr Retord, qui avait succédé au vénérable Borie dans le titre d'évêque d'Acanthe et de vicaire apostolique du Tong-king occidental, chargea M. Masson de les exhumer et de les envoyer au séminaire de Paris. A leur arrivée à Bordeaux, on obtint que les caisses ne fussent pas ouvertes à la douane. L'ouverture s'en fit à Paris, en présence d'un délégué de l'archevêché et de cinq médecins, appelés à faire la reconnaissance des reliques. Les ossements sont au nombre de cent dix-neuf, dans un parfait état de conservation. La mâchoire inférieure seule est quelque peu endommagée, chose facile à expliquer. Du côté droit, on y remarque une entaille en biseau de trois centimètres environ de longueur sur un demi-centimètre de largeur au milieu : cette entaille a été faite par le sabre du bourreau; car un des sept coups qui furent portés pour abattre cette tête vénérable, frappa la mâchoire.

« Ce fut le 5 août 1843, jour de l'ouverture des caisses qui les contenaient, que ces ossements, dont la grandeur répond si bien à la haute taille de Mgr Borie, furent, ainsi que les procès-verbaux, placés dans cette châsse qu'on scella aussitôt.

« La quatrième châsse du gradin supérieur renferme, au nombre de quatre-vingt-cinq, des ossements du vénérable Jaccard. Né au diocèse de Chambéry, ce saint prêtre de la société des Missions étrangères fut étranglé pour la foi, le 21 septembre 1838, à Thach-hôn, dans la province de Quang-tri, actuellement dans le vicariat de la Cochinchine septentrionale. Après sa mort, les païens enterrèrent son corps au lieu de son exécution ; mais les chrétiens le transférèrent bientôt à Vhu-ly. Il y resta jusqu'en 1846. Ce fut alors que Mgr Cuenot, vicaire apostolique de la mission, chargea son provicaire, M. Sohier, d'en faire l'exhumation et de l'envoyer en France. Le 3 juillet 1847, on en fit la reconnaissance avec les formalités d'usage, et on renferma dans cette châsse, que l'on scella aussitôt après, les précieux ossements du vénérable martyr.

« A côté de cette châsse, et la dernière du gradin supérieur, est celle qui contient les restes du disciple et compagnon de martyre de M. Jaccard, le vénérable Thomas Thien. Comme son corps fut enterré au même lieu, exhumé, envoyé en France et placé le même jour dans cette châsse, il est inutile de revenir sur les détails que nous venons de donner.

« Si maintenant nous passons au gradin inférieur, quatre grandes châsses frappent d'abord nos yeux par leur aspect tout particulier et leur ornementation singulière. Ces châsses, en effet, ont été faites en Cochinchine, et elles renferment les ossements de quatre martyrs de cette mission. En 1855, Mgr Pellerin, vicaire apostolique, fit exhumer les corps de ces martyrs des lieux où ils avaient reçu la sépulture, et il les envoya à Paris, où ils parvinrent en 1856. On les déposa alors à la salle des Martyrs sans les ouvrir : aussi portent-elles encore les sceaux de Mgr Pellerin en plusieurs endroits.

« La première d'entre elles, en allant de l'entrée de la salle vers la fenêtre, contient les ossements d'Antoine Vam, étranglé pour la foi, à Dông-vaï, chef-lieu de la province de Quang-binh, le 10 juillet 1840.

« La deuxième est celle du vénérable Paul

Doï-buong, capitaine des gardes du roi, décapité pour la foi, le 23 octobre 1833, à Tho-dùc, en Cochinchine.

« La troisième renferme les restes d'un ouvrier du roi, le tisseur en soie André Trong, décapité pour la foi, à An-hoâ, près de Huê, capitale de la Cochinchine, le 28 novembre 1835.

« La quatrième enfin contient les ossements du vénérable Simon Hoâ, catéchiste et médecin cochinchinois, qui fut décapité pour la foi, au même lieu que le précédent, le 12 décembre 1840.

« Sur le même gradin, près de chacune des châsses cochinchinoises, il y a quatre caisses plus petites, qui renferment les restes d'autant de martyrs, morts dans la capitale du Sutchuen, en Chine. Les plus gros ossements n'y sont pas ; ils auraient exigé des caisses beaucoup plus grandes, et, à cause des édits de persécution, les courriers qui s'en seraient chargés auraient été exposés à de trop grands dangers. Pour faciliter leur passage aux douanes chinoises, on mit les ossements dans des caisses destinées ordinairement aux marchandises, et l'on colla dessus des adresses de marchands. Mais afin qu'il ne fût pas nécessaire de briser les sceaux pour connaître de qui étaient les reliques, on creusa, dans le couvercle des caisses, des rainures peu profondes et en nombre inégal.

« La plus rapprochée de la porte contient des ossements du vénérable Paul Liéou, étranglé pour la foi en 1818. On la reconnaît à ses quatre rainures.

« La seconde, marquée de deux rainures seulement, est celle du vénérable Augustin Tchao, mort en 1815, dans la prison, à la suite d'une violente bastonnade.

« Dans la troisième, marquée d'une seule rainure, sont renfermés des ossements de Mgr Gabriel Taurin-Dufresse, du diocèse de Clermont, et de la société des Missions étrangères. Ce vicaire apostolique du Su-tchuen eut la tête tranchée en 1815. La salle des Martyrs possède en outre, dans ses vitrines, un petit ossement de ce martyr, renfermé dans un reliquaire de cuivre doré.

« L'année qui suivit le martyre de Mgr Dufresse, le vénérable Joseph Yuên fut étranglé pour la foi. Quelques-uns de ses ossements sont contenus dans la quatrième châsse, marquée de trois rainures.

« Outre les ossements dont nous venons de

parler, la salle des Martyrs en possède quelques autres. Ce sont d'abord ceux de Paul Lôe, prêtre de la Cochinchine occidentale, décapité le 13 février 1859, et ceux du vénérable Matthieu Gâm, chrétien de cette même mission, martyrisé le 11 mai 1847.

« Contre le mur de droite de la salle est encore une petite châsse divisée en trois compartiments. Elle renferme quelques reliques de trois martyrs du Koúy-tchéou, province de la Chine, décapités pour la foi le 28 janvier 1858. Dans la partie gauche sont deux ossements et une mèche de cheveux du catéchiste Laurent Ouâng : celle du milieu renferme trois ossements de Jérôme Loû, catéchiste, et celle de droite trois dents, autant d'ossements et une mèche de cheveux de la vierge Agathe Lin. »

LA SALLE DES MARTYRS

jarier, la salle des Martyrs en possède quelques autres. Ce sont d'abord ceux de Paul Lôc, prêtre de la Cochinchine occidentale, décapité le 13 février 1859, et ceux du vénérable Matthieu Gâm, chrétien de cette même mission, martyrisé le 11 mai 1847.

« Contre le mur de droite de la salle est enfermée une petite châsse divisée en trois compartiments. Elle renferme, indique reliques de trois martyrs du Kiang-si, province de la Chine, décapités pour la foi le 29 janvier 1858. Dans la partie gauche sont deux ossements et une mèche de cheveux du catéchiste Laurent Ouang ; celle du milieu renferme trois ossements de Jérôme Lu, catéchiste, et celle de droite trois dents, autant d'ossements et une mèche de cheveux de la vierge Agathe Lin. »

NOTICES

SUR

PLUSIEURS MARTYRS CHINOIS

PAR LE P. PERNY

NOTICES

PLUSIEURS MARTYRS CHINOIS

PAR LE P. PERNY

LE VÉNÉRABLE JOACHIM HO

MIS A MORT POUR LA FOI LE 2 JUILLET 1839, DANS LA CAPITALE DU KOÜY-TCHÉOU, EN CHINE

QUELQUES MOTS SUR CETTE NOTICE

Bien que le vénérable Joachim Hô ne soit que le troisième en date dans la liste des martyrs de la province du Koúy-tchéou, dont la congrégation des Missions étrangères possède à Paris quelques précieux souvenirs, cependant nous lui donnons ici la prééminence.

Nous avons pour agir ainsi plusieurs motifs : d'abord, il est le seul parmi ses compagnons de travaux et de gloire dont les restes mortels aient été apportés en France; en second lieu, ces restes tiennent une place d'honneur à la salle des Martyrs, en ce sens que, se présentant les premiers au regard du visiteur, ils attirent son attention et fixent dans sa mémoire le nom et le souvenir de ce vaillant soldat du Christ ; enfin cette notice, — perle précieuse enchâssée dans notre modeste travail, — est due à la plume d'un écrivain tout à la fois témoin, sinon des faits mêmes qu'il raconte, du moins de faits analogues, auquel aucun secret de la vie chrétienne en Orient n'est inconnu, pas plus que les détails d'aspect, de mœurs de ce pays, qu'il a longtemps évangélisé, ne lui sont étrangers.

Quand nous aurons ajouté que cet écrivain a nom M. Paul Perny et que c'est de lui qu'il est question dans les premières pages de ce livre, alors que nous parlions des gloires récentes de la congrégation des Missions étrangères, on comprendra tout l'attrait, toute l'importance de cette vie d'un martyr, écrite par un supérieur de la mission où ce martyr a glorieusement témoigné de sa fidélité à Jésus-Christ. Qui mieux qu'un confesseur de la foi pourrait d'ailleurs dépeindre ce qui se passe dans l'âme du chrétien souffrant et acceptant la persécution et la mort pour l'amour de Jésus-Christ? Qui mieux qu'un apôtre peut parler des saintes ardeurs du zèle pour le salut des âmes? Qui mieux enfin qu'un savant linguiste et un observateur profond peut décrire les habitudes de la vie domestique en Chine, les traits de mœurs, les traditions de famille, dont le lecteur européen doit tenir compte en lisant tout ce qui a rapport aux missions de l'extrême Orient, comme l'Église elle-même les a pris en considération dans la discipline et les usages qu'elle a adoptés pour ces chrétientés encore dans l'enfance, mais qui promettent pour un avenir prochain une merveilleuse récolte d'âmes?

Laissons donc la plume au pieux et savant missionnaire.

CHAPITRE I

Commencement de la mission du Koúy-Tchéou. — Naissance, enfance, éducation du vénérable Joachim Hô.

La province du Koúy-tchéou est celle qui a reçu le plus récemment le bienfait de la foi dans l'empire chinois. Au commencement du siècle dernier, cette mission avait été confiée aux pères de la compagnie de Jésus. Le père Charles Turcoti, sacré évêque d'Andreville, fut son premier vicaire apostolique en 1702. Ce prélat ne gouverna la mission que six ans. Le nombre des chrétiens, à l'époque de sa mort, était de douze à quinze mille. Le cardinal de Tournon, légat *a latere* du saint-siège en Chine, désigna lui-même le successeur de M#gr# d'Andreville et le sacra de ses propres mains dans la prison de Macao. Mais le nouvel élu, M#gr# Visdelou, évêque de Claudiopolis, ne put jamais pénétrer dans sa mission. Les circonstances l'obligèrent même à se retirer à Pondichéry, où il mourut à l'âge de quatre-vingt-sept ans, au mois d'août 1737. Les missionnaires de la compagnie de Jésus, qui évangélisèrent le Koúy-tchéou, succombèrent successivement peu après Mgr Turcoti ; la mission se trouva abandonnée ; les néophytes se dispersèrent et disparurent les uns après les autres.

Lorsque la sainte congrégation de la Propagande confia la province à la société des Missions étrangères, les vicaires apostoliques du Su-tchuen furent chargés d'administrer la mission. Alors il n'y restait plus de vestiges de la prédication évangélique par les RR. PP. jésuites. La foi catholique y fut portée de nouveau, vers 1770, par les indigènes du Koúy-tchéou, convertis, les uns au Su-tchuen, les autres à Pékin.

Depuis cette époque, la mission du Koúy-tchéou a payé plus largement qu'aucune autre de ce vaste empire son tribut au martyre. Si les progrès de la foi dépendent véritablement de ce signe, nous n'avons pas tort de bien augurer de l'avenir religieux de cette chère province. En effet, le Koúy-tchéou a réjoui l'Église triomphante[1] par le martyre de quatre de ses enfants. Cent quinze néophytes ont été à la veille de cueillir la même palme; tous l'ont ambitionnée. Au lieu de verser leur sang sur l'arène du combat, comme ils l'espéraient, ils ont été, par une sentence inique, relégués au fond de la Tartarie chinoise. Vingt-trois d'entre eux y supportent encore, à cette heure (1853), les rigueurs et les privations de l'exil. Cinq néophytes sont morts dans les cachots, couverts de glorieuses blessures. Dans ce nombre sont deux vieillards de quatre-vingts ans qui, libres de quitter leurs fers, ont voulu, eux aussi, mourir pour la cause de Jésus-Christ. Trois cent soixante-deux néophytes ont confessé généreusement la foi devant les tribunaux et subi des tourments plus ou moins cruels; les juges les ont mis en liberté de leur propre mouvement. De jeunes enfants ont vaincu la constance des bourreaux et résisté aussi énergiquement à la séduction des promesses qu'aux menaces des tourments. Des femmes, des vierges seront louées à jamais dans les annales du Koúy-tchéou pour leur fermeté et leur courage dans les persécutions. Des mil-

---

[1] Depuis que ces lignes ont été écrites, la province compte neuf martyrs de plus.

liers de petits anges vont peupler chaque année le ciel; s'il était permis de s'en glorifier, nous dirions que l'œuvre évangélique pour le baptême des enfants infidèles a pris naissance au Koúy-tchéou. Outre les persécutions générales qui ont enveloppé toute la Chine, quarante-quatre persécutions locales ont mis à l'épreuve la foi des néophytes de cette Église naissante.

C'est au sein d'une Église encore à son berceau que l'action de la grâce éclate d'une manière plus merveilleuse, plus visible, plus admirable. Comment sont amenés à la connaissance du vrai Dieu les infidèles qui se convertissent? Par quelles voies mystérieuses ont-ils été conduits à la lumière de l'Évangile, presque à leur insu? D'où vient qu'en certaines localités le zèle apostolique échoue complètement? La parole divine n'y peut faire pénétrer aucun rayon à travers les ténèbres de l'idolâtrie. En d'autres endroits de la province, au contraire, la grâce trouve des cœurs tout disposés qui accueillent avec une sorte d'empressement la bonne nouvelle du salut. Nous avons eu l'immense consolation de conférer le saint baptême à des âmes amenées, on peut le dire, par des voies miraculeuses à la foi catholique. L'examen attentif de leur vie antérieure nous a montré que ces nouveaux prosélytes avaient suivi avec droiture la loi naturelle.

La province du Koúy-tchéou est la dernière qui ait été réunie à la couronne de Chine. Elle formait auparavant un État indépendant, habité par des peuplades dont l'origine est pour le moins aussi ancienne que celle des Chinois. Ceux-ci, à l'exemple des Romains, qui appelaient barbare tout peuple étranger à leur domination, ont donné un nom analogue à ces peuplades aborigènes du Koúy-tchéou et des pays voisins. Les Chinois les ont désignées sous le nom générique de Miaô-tsè, qui veut dire hommes sauvages.

Ces peuples se divisent en quatre-vingt-deux tribus, ayant chacune son chef à part. La langue, les mœurs, les coutumes des Miaô-tsè n'ont rien de commun avec celles des Chinois. La Chine, en se peuplant davantage, a peu à peu envahi le territoire des Miaô-tsè. Ceux-ci défendirent avec courage leur indépendance nationale; à la fin, accablés par le nombre, ils se réfugièrent dans l'est et le midi de la province, sans jamais renoncer à leur autonomie ni reconnaître aucun droit sur eux à la cour de Pékin. A l'heure qu'il est, ces Miaô-tsè vivent indépendants et forment la majeure partie de la population du Koúy-tchéou. Lorsque l'empereur Kien-long (grande abondance) envoya ses armées au Koúy-tchéou, la province n'avait pas les limites qu'on lui voit sur les cartes actuelles. Après la conquête nominale, on démembra du Su-tchuen le département de Tsen-ny-foù pour l'enclaver dans la nouvelle province.

Ayant ainsi refoulé les Miaô-tsè dans les montagnes, les Chinois choisirent une vaste et magnifique plaine pour y fixer la capitale de la nouvelle province. L'enceinte en était tracée, les remparts s'élevaient déjà, quand, par suite de nouvelles conquêtes sur les Miaô-tsè, on se décida à transférer la future métropole dans une plaine plus centrale. Au lieu d'une ville, il ne resta dans le premier endroit qu'un gros bourg très commerçant qui porte le nom de Sy-fong.

C'est dans ce bourg que la famille Hô était fixée. Elle y possédait un petit domaine qui la faisait vivre dans une honnête aisance; le commerce la fit même prospérer un instant. Ce commerce était celui de la soie du ver qui se nourrit des feuilles du chêne-châtaignier. La famille Hô eut trois enfants. Le premier mourut fort jeune; le second fait le sujet de cette notice. Il vint au monde le 25e jour de la 5e lune de la 47e année de Kien-long. Faute d'anciens calendriers sous la main, nous n'avons pu calculer aujourd'hui à quel mois répond cette date chinoise; nous savons seulement que la 47ᵉ année de l'empereur Kien-long répond à l'an 1774 de notre ère.

La famille Hô était religieuse observatrice des rites chinois. A la naissance du nouveau-né, elle ne manqua pas de le placer sous la tutelle des divinités du pays. On alluma sur l'autel domestique[1] les cierges de cire végétale; on brûla

---

[1] Chaque famille en Chine, même la plus pauvre, a son autel domestique. Cet autel est placé dans le fond de la salle de réception, en face de la porte d'entrée. Sur cet autel se trouvent les idoles que la famille honore. Ces idoles varient selon la secte religieuse à laquelle on appartient. En général, il y a au moins trois idoles en bois doré, plus communément cinq. En forme de reliquaire, il y a la tablette des ancêtres. Ce sont les noms des aïeux écrits sur papier rouge et placés dans un cadre avec piédestal. On tient essentiellement à cette tablette en Chine. On lui rend des honneurs; on lui fait des prostrations. Dans le principe, ce culte pouvait être innocent; il a dégénéré par le laps du temps. En sorte qu'une famille qui embrasse la religion catholique doit faire disparaître cette tablette des ancêtres dite en chinois *Liûn-pay* (siège de l'âme). On voit des familles païennes tenir si fortement à cette tablette, qu'au moment d'embrasser la foi catholique elles reculent quand elles savent qu'il faudra se défaire de leur Liûn-pay. Ensuite on voit deux paires de chandeliers sur l'autel domestique. Les bougies rouges qu'ils supportent sont allumées matin et soir. Sur le côté gauche de l'autel il y a une cloche que l'on frappe avec un maillet en

les verges odorantes et le papier-monnaie. Un splendide repas de gala fut servi aux idoles qui reposent sur l'autel entouré des différentes tablettes des ancêtres de la famille. Par trois saluts profonds et autant de prostrations solennelles, le père de l'enfant vint respectueusement inviter les esprits tutélaires à accepter le festin qui leur était offert. Ceux-ci ont la louable habitude de se contenter de la seule offrande. On

bois, durant les cérémonies religieuses. Enfin l'ameublement est au complet s'il y a un vsse sur lequel on brûle le papier-monnaie. Au milieu il y a un vase en métal rempli de cendres dans lequel on plante les verges odorantes qu'on brûle chaque jour sur l'autel domestique. Sur la paroi du mur auquel l'autel est adossé, on place des cartouches plus ou moins riches, sur lesquels sont inscrites des maximes, des sentences. Sur le cartouche du milieu est la principale sentence, en lettres dorées et de grand format : *Au Ciel, à la Terre, aux Esprits, aux Parents, aux Maîtres, à l'Empereur*, tel en est le sens.

Chaque jour, le matin et le soir, on allume les bougies, on brûle le papier-monnaie, les verges odorantes, on fait des saluts et prostrations aux idoles, à la tablette des ancêtres, etc. C'est le culte domestique.

La famille chrétienne a un autel dans la salle de réception. Les sentences des cartouches sont chrétiennes ; outre les chandeliers, on y place des objets religieux, des images, etc. En temps de persécution, une famille qui enlève le cartouche du milieu est censée *apostate*.

Les chrétiens font leurs prières en commun devant l'autel domestique.

tapissa la maison de nouveaux cartouches, plus élégants que les anciens; les proches, les amis, les voisins, vinrent féliciter le père du nouveau-né et lui offrir des présents consistant en comestibles, pâtisserie, confiserie, etc., et des cartouches couverts de jolis caractères antiques, souhaitant au nouveau-né longue vie, bonheur, succès, et toujours nombreuse postérité. En se retirant, ces visiteurs n'omettent pas de brûler des boîtes en signe de joie.

Les rites chinois ne permettent pas à la mère qui a mis au monde un enfant de se produire au dehors et de recevoir aucune visite durant un mois. Le dernier jour de ce mois est un jour de fête dans la famille. Les parents, les amis qui, à la naissance du nouveau-né, ont offert leurs félicitations, sont alors invités à un festin solennel. Ces coutumes s'observent même dans la classe pauvre; le degré de solennité en fait toute la différence. Après ces fêtes, qui durent plusieurs jours, la mère de l'enfant se rend en palanquin chez les plus proches parents, chez les amis intimes, pour rendre sa visite et présenter son nouveau-né. Elle est suivie ou accompagnée de quelques membres de la famille portant à la main des corbeilles pleines de petits présents pour les familles visitées ; celles-ci retiennent successivement chez elles, pendant quelques jours, la mère et son enfant.

Lorsque le jeune Hô eut atteint l'âge de six ans, son intelligence était assez développée pour être appliquée à l'étude des lettres chinoises. Il fréquenta dès lors les écoles du pays. En Chine, l'enseignement est complètement libre. Chacun est maître d'ouvrir une école, et d'y suivre le programme d'études qui lui plaît. L'instruction primaire y est beaucoup plus avancée que dans tous les pays de l'Europe. Les enfants fort pauvres ou orphelins sont les seuls qui ne fréquentent pas les écoles durant quelques années. Malgré la plus entière liberté, les Chinois sont tellement attachés aux traditions, que, dans tout ce vaste empire, du nord au midi, de l'est à l'ouest, on suit intégralement, depuis des siècles, le même programme d'études. Les plus jeunes élèves étudient d'abord le *livre des phrases de trois caractères,* en chinois San-tsè-kin, composé par Ouang-pe-heou, sous la dynastie des Song. C'est un traité contenant des notions élémentaires. Puis ils passent à celui des *mille caractères (Tsièn-tsè-ouên)*, qui renferme les mille caractères les plus usuels; aucun n'y est répété deux fois. Chaque phrase se compose de deux membres, dont chacun est de quatre caractères. Ce livre a été composé sous l'empereur Ou-ty, de la dynastie des Loang, lequel régnait en 502 de Jésus-Christ. Ensuite les élèves commencent l'étude des quatre livres classiques. Chaque élève doit apprendre par cœur ces livres anciens, qui remontent à l'époque de Confucius.

La Chine est l'antipode de nos mœurs et de nos coutumes. Chez nous, on étudie dans un profond silence : dans les écoles de la Chine, chaque élève prépare sa leçon à voix aiguë. Quand un élève possède bien de mémoire les livres classiques, et qu'il est assez intelligent, le maître fait à chaque élève, en particulier, le *commentaire* de ces livres. Les honoraires qu'on donne au maître ne sont pas déterminés par l'âge de l'élève, mais surtout par sa capacité. Ainsi, dans une école chinoise, on voit des enfants de dix à onze ans qui donnent à leur maître une rétribution double de celle de certains de leurs condisciples qui ont quinze à dix-huit ans. Comme ils sont plus capables que ces derniers, le professeur, en commentant les livres, fait à leur égard une plus grande dépense de savoir. Les jeunes Chinois qui aspirent au grade de lettré passent ensuite à la longue étude des livres sacrés du pays. Le jeune Hô se distingua parmi les plus forts de son âge. Il garda constamment la même supériorité.

Ce fut alors que, selon les us chinois, on lui choisit son beau nom, ou nom d'école, Hiô-min. Le vocabulaire des noms patronymiques des habitants du Céleste Empire est très borné. Dans le principe il ne contenait que cent noms; de là son titre de *livre des cent familles*. Successivement le nombre a été poussé jusqu'au chiffre de quatre cents noms, sans que le titre ait été changé. Toutes les nombreuses familles de ce vaste empire portent l'un ou l'autre de ces noms patronymiques du *livre des cent familles* Pekit-sin.

Chaque famille a adopté en outre une sentence, une maxime composée de quinze à vingt caractères. On lui donne le nom de cycle de la généalogie Tsé-péy. Les idées que renferme ce cycle ont toutes rapport au bonheur, à la gloire, à la fortune, à la célébrité, à la longue vie, etc. Tous les membres d'une famille, parents au même degré, ajoutent à leur nom patronymique le même caractère de ce cycle, qui se déroule comme une chaîne. Le caractère qui échut au jeune Hô fut celui de Kay. Tous ses frères, tous ses cousins germains avaient le même caractère. Je passe sous silence les sœurs; on sait qu'en Chine elles ne comptent pas. Le professeur chinois choisit un second caractère, qui pût, d'après certaines règles de la prosodie, s'adapter à celui du cycle de famille et former un sens avec lui. Le jeune Hô fut appelé Kay-tchè, comme qui dirait : *arriver à obtenir la félicité immortelle*. Tel fut son beau nom, ou nom d'école, Hiô-min.

Appeler un Chinois par son beau nom d'école est une marque d'amitié, d'union, de liaison. Les proches parents, les amis intimes, les supérieurs osent seuls prendre cette liberté. Lorsque tous les caractères du cycle ont été épuisés dans leur ordre, on recommence le cycle, et ainsi de suite. Si deux Chinois du même nom se rencontrent, ils ont un moyen facile de savoir s'ils sont parents; ils se récitent ce cycle de généalogie. S'il est le même, ils n'ont plus aucun doute sur l'identité de leur origine ou souche commune. Au moyen de ce cycle, ils comptent, en une minute, à quel degré de parenté ils se trouvent respectivement..

Le jeune Hô-kay-tchè aurait pu aspirer aux grades littéraires, qui donnent tant de considération en Chine. La modicité de sa fortune y mettait obstacle. Pourtant, après douze années d'études, il possédait assez bien les lettres chinoises pour y trouver une ressource, s'il en était besoin. A la fin du semestre d'automne de l'année courante, le jeune Hô cessa de fréquenter les écoles, conservant pour ses anciens maîtres tout le respect prescrit par les vieux rites du pays.

En Chine, un professeur, un maître d'école de village garde, toute sa vie, sur ses élèves une autorité qui ne le cède point à l'autorité paternelle. Ceux-ci arrivassent-ils aux plus hautes dignités de l'empire, le simple magister conserverait le droit de les avertir et de les reprendre; il aurait même les honneurs de la préséance. Aussi pensons-nous que ce respect à l'autorité est un des pivots de la civilisation chinoise.

Le jeune Hô-kay-tchè, en qualité d'aîné, fut destiné à seconder ses parents dans leur négoce. Dès son enfance, il avait la charge de faire, au nom de sa famille, les superstitions du culte domestique, si nombreuses en ces malheureux pays infidèles. Chaque jour, matin et soir, il allumait les verges odorantes devant les idoles de l'autel de famille; puis, se plaçant en face de l'autel des divinités, il leur faisait trois saluts profonds, plaçait à leurs pieds de petits vases en porcelaine, les uns remplis de riz ou de quelque autre céréale, les autres du vin ou arack chinois; il frappait quelques coups en cadence, selon la mesure voulue, sur une petite cloche suspendue à l'angle gauche de tout autel chinois. Le premier et le quinzième jour de chaque lune, les cérémonies sont plus nombreuses et plus solennelles. Alors le sacrificateur domestique revêt ses habits de cérémonie; il s'avance plus gravement, les bras légèrement élevés, comme le veut Confucius, vers l'autel de famille. Il allume un grand nombre de bougies peintes en rouge et couvertes d'emblèmes mythologiques. Il se rend sur le seuil de la porte principale, salue par trois inclinations profondes les génies tutélaires de la porte, dont les images sont sur ces portes. Après avoir placé là quelques verges odorantes, il revient à l'autel domestique. Trois saluts profonds aux idoles précèdent les trois prostrations solennelles. Il chante des prières rythmées en l'honneur de ses dieux. Ensuite il leur présente le repas d'usage, dont les rites fixent le nombre et la préparation. Le papier-monnaie est offert, puis brûlé. Enfin le sacrificateur termine en mettant le feu à une collection plus ou moins abondante de pétards chinois.

L'exactitude et la gravité avec lesquelles le jeune Hô-kay-tchè s'acquittait de cette fonction lui avaient fait une réputation dans l'endroit ; sa foi aux paroles du philosophe que la Chine vénère n'admettait pas de restriction. Ainsi s'écoula la première partie de la vie de ce jeune Chinois, que Dieu allait bientôt amener à sa connaissance.

CHAPITRE II

Conversion. — **Baptême du vénérable Joachim Ho.**

Rentré dans sa famille, le jeune Hô-kay-tché se livra tout entier au commerce. Il se fit remarquer par une gravité qui n'était pas de son âge. Il n'aimait ni les fêtes, ni les grandes réunions, si nombreuses en Chine; aussi ne se produisait-il que rarement au dehors. Le point saillant de son caractère était une grande simplicité de cœur, jointe à une intelligence et à une science peu communes. S'il est rare que la science n'enfle pas, c'est surtout en Chine; les lettrés de toutes les provinces de cet empire en sont une preuve frappante. Quand on leur annonce les vérités de la foi, ils écoutent avec un certain dédain, rompent brusquement la conversation pour s'enquérir du prédicateur de l'Évangile s'il expliquerait bien tel ou tel texte des livres sacrés de la Chine. Si on ne leur répond pas selon leurs idées, ils méprisent l'enseignement qu'on leur annonce.

La candeur du jeune Hô-kay-tché, relevée par ses talents naturels, lui conciliait l'estime générale dans son pays natal. Suivre les règles de l'équité, de la stricte justice dans le commerce, remplir tous les devoirs de la piété filiale, lui semblaient choses si naturelles, qu'il ne pensait pas mériter en cela des éloges. Surpris et confus des louanges qu'il recevait, il semblait ignorer et il ignorait, en effet, les dons heureux de son naturel. Sans doute le noble usage qu'il en fit lui mérita le bonheur d'être amené à la connaissance du vrai Dieu.

Hô-kay-tché avait vingt-sept à vingt-huit ans, lorsque la mort lui enleva son père. La charge de la famille lui fut dès lors confiée. Il s'en acquitta avec un redoublement de soins. Sa vieille mère était surtout l'objet de ses égards et de ses respects. Son frère et sa sœur marchaient sur ses traces. Jamais il ne fut dominé par la soif de l'or, ni par les penchants grossiers qui poussent presque fatalement les infidèles aux jouissances matérielles, passions qui distinguent le peuple de l'empire du milieu.

Sur les édifices publics, sur les faîtes des maisons privées, sur les arcs placés à l'entrée des villes, partout, en Chine, on lit le caractère *Foù* (bonheur), peint, sculpté avec une incroyable élégance. Deux Chinois ne se rencontrent pas en chemin sans se prévenir et se saluer par ces mots : *Fà stây, fà stây. Deviens riche et heureux.* Un sentiment d'un genre différent pressait le jeune Hô d'étendre son commerce jusqu'à la capitale du Koúy-tchéou, éloignée de deux journées de Sy-fong. Il y fit plusieurs voyages qui furent assez heureux. La Providence, qui le conduisait par la main, lui ménagea, à Koúy-yang-foù, la rencontre de deux néophytes, pleins de piété et de ferveur, qui exerçaient le même négoce que lui.

L'un de ces néophytes s'appelait Paul Kou. Il mérite ici une mention spéciale. Sa foi, admirablement vive, l'a fait arrêter dans cinq ou six persécutions successives. Flagellé jusqu'au sang, détenu des années entières dans les infects cachots de la Chine, chargé de la cangue, puis exilé dans les provinces voisines, rien ne pouvait ébranler sa constance. Dès qu'il avait recouvré sa liberté, il revenait au milieu des siens pour y travailler avec une nouvelle ardeur à la conversion des pauvres infidèles, ses concitoyens. Il avait plus de soixante ans quand, pour la dernière fois, il prit le chemin de l'exil. Il se disposait à rentrer dans sa province natale, tout joyeux de savoir qu'elle venait d'être érigée en vicariat apostolique ; mais Dieu l'appela à lui sur ces entrefaites et couronna, nous en avons l'espoir, une vie qui avait été une longue confession de la foi de Jésus-Christ. Ce vénérable vieillard, Paul Kou, avait plus de quatre-vingts ans quand il échangea cette vie contre un monde meilleur. Sa dépouille mortelle repose dans la province de Canton, dernière station de son exil.

L'autre néophyte se nommait Ly ; lui aussi avait eu le bonheur de confesser le nom du vrai Dieu dans les persécutions. La foi venait d'être plantée à Koúy-yang. Déjà les mandarins avaient poursuivi les nouveaux disciples de l'Évangile et cherché à étouffer la religion naissante. Souvent les ennemis de Dieu servent sans le savoir à l'accomplissement de ses desseins. Il n'était bruit parmi les gentils de la métropole que de la nouvelle religion persécutée. C'est ainsi que Hô-kay-tché, de passage à la capitale, entendit pour la première fois prononcer le nom de la religion chrétienne. Les deux néophytes, Paul Kou et Ly, jugèrent l'occasion favorable pour lui annoncer la bonne nouvelle du salut. Dieu bénit leur zèle. La religion chrétienne, quoique alors durement persécutée, parut belle aux yeux de Hô-kay-tché, son âme droite s'ouvrant aux premiers feux de la lumière divine. Les arguments de ses amis lui semblaient si naturels et si vrais, qu'il s'étonnait de n'y avoir jamais réfléchi. Son assentiment n'était pas donné sans examen sérieux; il exposait ses doutes à ses amis, et toujours il recevait la réponse qui satisfaisait son esprit et son cœur.

Pour comprendre la joie mystérieuse et l'émotion dont les âmes d'élite sont touchées quand elles voient se dérouler devant elles les beautés de la doctrine chrétienne, il faut avoir été témoin oculaire de conversions pareilles à celle de Joachim Hô. On dirait une terre fertile, mais desséchée par un soleil brûlant; elle boit avec avidité la pluie qui tombe; on la voit changer d'aspect. La figure de Hô-kay-tché était rayonnante à la fin de l'entretien qui l'avait gagné à Dieu; il était tout au bonheur de connaître la route du ciel. Il était chrétien par la conviction et par le désir, et il demanda d'être admis au premier degré d'initiation usité pour les païens convertis : c'est un acte solennel de renoncement aux superstitions et une profession de foi chrétienne. Cette cérémonie, qui précède le baptême, s'appelle l'Adoration.

Elle se fit dans la famille Ly, dont la maison servait alors d'oratoire au petit troupeau qui grandissait malgré la persécution. Les néophytes de la ville étaient présents. On allume les cierges sur l'autel. Le nouveau converti est agenouillé au bas de l'autel, les mains jointes sur la poitrine. Au signal donné par le catéchiste, la pieuse troupe se met à chanter les prières chinoises désignées pour la circonstance. Aux endroits fixés, le récipiendaire, ayant à sa droite et à sa gauche un néophyte pour le diriger, se lève, salue profondément la tablette du vrai Dieu, puis se prosterne à diverses reprises, au signal du maître des cérémonies. Le rite chinois se termine par une triple prostration. Après quoi, tous les assistants s'empressent de saluer comme un frère le nouvel adorateur, et de lui adresser quelques paroles gracieuses.

Pour se confirmer dans la foi, Hô-kay-tché passa quelques jours avec ses amis. Rien de plus édifiant que la piété vive qu'il manifestait dès lors. Son assiduité aux prières, son zèle pour étudier la doctrine, pour connaître les coutumes chrétiennes, ses conversations toutes tournées aux choses du ciel, étaient des signes non équivoques de la sincérité de sa conversion.

De retour à Sy-fong, il n'eut pas de peine à démontrer à sa famille la fausse route qu'elle suivait et l'absurdité du culte des idoles. Au bout de peu de jours, elle fut convertie au Seigneur. Hô-kay-tché, prévoyant qu'il trouverait dans son bourg natal une grande opposition, se décida à transporter son domicile à la capitale de Koúy-tchéou. Il vint s'y fixer en 1806, auprès des amis qui lui avaient appris naguère le chemin du ciel.

Hô-kay-tchè employait tous les moments libres que ses affaires lui laissaient à converser pieusement avec ses amis et à lire les livres de dévotion. En Chine, nos néophytes ne conversent jamais entre eux que de choses édifiantes. Le désir de recevoir bientôt le saint baptême poursuivait notre fervent prosélyte. Il ne pouvait penser sans une espèce de frayeur à tant d'années passées sous l'esclavage du démon. Le péril, alors imminent, d'être subitement appelé à confesser la foi, semblait être un nouvel aliment à sa ferveur. Il y avait plus d'un an qu'il soupirait après le bienfait de la régénération, et le prêtre de Dieu n'arrivait point; les événements étaient si graves, qu'on ne pouvait espérer de le voir bientôt.

La province du Koúy-tchéou n'avait ni missionnaire ni prêtre indigène. Trois fois depuis la fondation récente de la chrétienté de Koúy-yang, M. Mathias Lô avait été envoyé du Su-tchuen pour la visiter. Ce prêtre zélé avait été arrêté et relâché depuis peu. Ses supérieurs ne crurent pas prudent de l'envoyer de nouveau au Koúy-tchéou, où il était connu d'un grand nombre de païens comme maître de religion. M. Mathias Lô ne se distinguait pas moins par sa science que par sa piété et son zèle. Il fut désigné par son évêque comme provicaire de la mission du Su-tchuen, dans le cas où la persécution, alors très active, enlèverait tous les confrères européens. Arrêté de nouveau peu après, M. Lô fut condamné à la prison perpétuelle; il y mourut, chargé de chaînes, dans le courant de l'année 1818. Le venérable M. Moye, fondateur des sœurs de la Providence de Portieux, auteur de belles et touchantes prières chinoises, avait, lui aussi, visité une fois la chrétienté de Koúy-yang; mais il lui fut impossible d'y retourner. C'est alors qu'on avait confié l'œuvre à M. Mathias Lô, dont nous venons de parler.

Ce dernier prêtre ne pouvant plus être envoyé au Koúy-tchéou, le vicaire apostolique du Su-tchuen chargea de cette mission M. Tâng. Hô-kay-tché ne doutait pas que le missionnaire, en se rendant à son poste, ne passât par Long-pîn, bourg à cinq journées de la capitale; impatient de voir pour la première fois un ministre de la religion, il se rendit à Long-pîn avec quelques-uns de ses amis. La grâce qui le dirigeait lui préparait un pénible sacrifice et une douce consolation. Pour des motifs sérieux, M. Tâng avait remis à l'année suivante la visite de la capitale. Néanmoins le fervent prosélyte et ses compagnons de voyage reçurent le catéchuménat dans la chrétienté de Long-pîn. Si leurs vœux ne furent pas entièrement remplis, ils éprouvèrent néanmoins une joie immense au spectacle édifiant des néophytes de Long-pîn, qui avaient alors à leur tête, comme catéchiste, le vénérable Pierre Oû, destiné dans les conseils de Dieu à frayer à ses concitoyens du Koúy-tchéou la route glorieuse du martyre.

La discipline de nos églises de Chine se rapproche autant que possible de celle des primitives églises d'Occident. Aussi les gentils qui ont embrassé la foi sont soumis aux épreuves du catéchuménat. Ce n'est généralement qu'après avoir subi durant deux ans ces épreuves qu'ils sont admis à la grâce du saint baptême.

L'expérience a démontré la sagesse de cette

mesure, qui paraîtrait en Occident peut-être trop sévère. Le monde et le démon assiègent par des retours dangereux les nouveaux convertis. La foi naissante et encore bien faible des néophytes succombe souvent à ces premières tentations L'ennemi du salut se sert d'un moyen qui produit sur ces âmes, à la veille de lui échapper, une impression souvent triomphante. Il étale devant elles les jouissances dont elles vont être privées, et il leur représente la sévérité des pratiques et des enseignements de la religion chrétienne. Si le nouveau converti ne découvre pas sa tentation à un ami chrétien, il est difficile qu'il n'y succombe pas; car à cette tentation intérieure se joignent des considérations d'un autre genre, bien séduisantes aussi. Celui-ci devra abandonner un commerce lucratif, celui-là renoncer à la polygamie, très commune dans la classe aisée en Chine; un autre devra quitter la déplorable habitude de fumer l'opium, etc. etc. Combien de fois n'avons-nous pas eu, pour ces motifs, à déplorer la défection d'une foule d'adorateurs qui, après avoir entrevu la route du ciel, se laissent de nouveau entraîner dans le chemin de la perdition! C'est donc avec une grande sagesse que cette longue épreuve du catéchuménat a été ordonnée. Elle ne fut pas un temps perdu pour Joachim Hô. Appréciant chaque jour davantage le bienfait de la foi, il se disposait à la grâce du saint baptême en conformant de plus en plus sa vie à celle de Notre-Seigneur. Les vérités de la religion produisaient une profonde impression sur son esprit. Quand il ne pouvait converser avec ses amis, il aimait à vaquer à l'exercice de la méditation. Déjà imbu de l'esprit du Sauveur, il aspirait après le bonheur de confesser un jour son saint nom.

Il y avait à cette époque, dans les prisons de la capitale, un chrétien du nom de Laurent Foù, véritable athlète de la foi. Depuis plus de dix ans, Laurent était chargé de chaînes pour la cause de Jésus-Christ. Joachim Hô, libre de le visiter, ne manquait pas de le faire souvent. Ses entretiens avec ce généreux confesseur produisaient en lui des fruits merveilleux. Il s'animait à souffrir pour Dieu, et sentait sa foi devenir plus vive à la vue des beaux exemples de générosité du prisonnier de Jésus-Christ.

Le règne de l'empereur Kia-kin ne fut qu'une ère de persécution pour l'Église de Chine. A cause des édits contre la religion, la réunion des chrétiens de la capitale ne pouvait se tenir que très secrètement. Cependant M. Tâng put se rendre à la capitale du Koúy-tchéou en 1809.

Il y trouva un petit troupeau de néophytes fervents, se multipliant sous l'action même de la persécution.

Le catéchumène le mieux disposé à recevoir la grâce de la régénération était Joachim Hô. Il reçut ce précieux bienfait avec d'admirables sentiments de dévotion. Durant son catéchuménat, il avait déjà contracté la louable habitude de la mortification corporelle, comme de se priver de vin chinois, à certains jours de jeûne, le mercredi et le vendredi, etc. Il s'y livra avec un accroissement de ferveur les jours qui précédèrent son baptême. Aussi la grâce, trouvant un cœur disposé et docile, opéra-t-elle en lui ces effets merveilleux que le monde ne comprend pas : aimer la croix, soupirer après les souffrances, mettre son bonheur dans le mépris et le renoncement à soi-même. Heureux au delà de toute expression d'être décoré du caractère auguste de chrétien, Joachim Hô comprenait la sainteté des devoirs qu'il avait contractés ; sa conduite était si régulière, qu'elle pouvait servir de modèle à toute la chrétienté naissante de la capitale. Il exerçait surtout son zèle à l'égard des membres de sa famille, qu'il préparait au catéchuménat. Destiné dans les conseils de Dieu à devenir un athlète de la foi, il était poussé par la grâce aux exercices de la vie cachée. Il devait y puiser les principes d'une vertu solide et éclairée, qui allait briller aux jours prochains de la persécution.

En Chine, la plupart des alliances se contractent de très bonne heure. On trouve peu d'adolescents qui n'aient pas été fiancés par leurs parents. Il n'est pas rare de voir deux amis faire les fiançailles d'enfants qui vont naître, dans le cas où ils seront de sexe différent. Ces traits de mœurs ne causent aucun étonnement ici. Toutefois il est superflu de dire que nos néophytes ne tombent point dans de semblables abus. Ils ne peuvent faire les fiançailles de leurs enfants avant que ceux-ci aient l'usage de la raison. La législation chinoise sur le mariage, à part quelques points, n'est pas en opposition aux règles de l'église. Les fiançailles chinoises se font avec solennité; il faut absolument un entremetteur : c'est d'ordinaire un proche, un ami de la famille. Dans les villes, il y a des gens qui n'ont d'autre office que celui-là ; l'affaire se négocie entièrement par ce médiateur. Les familles ne se voient pas ; les futurs fiancés, encore moins. Quand l'affaire est conclue, on rédige un double écrit, selon les formes usitées ; chaque partie adresse le sien à l'autre partie.

Les parents du jeune fiancé annoncent qu'ils acceptent pour leur bru future la fille de telle famille; les parents de la fiancée en font de même par rapport au futur gendre ; ensuite on se fait mutuellement des cadeaux pour sceller l'alliance qui vient d'être conclue. Le jeune homme envoie à sa future des pièces de toile, des soieries, des ornements à l'usage des femmes, des bracelets, des anneaux, des colliers en pierreries, etc. etc. ; il y ajoute quelques lingots d'argent. Le médiateur présente lui-même ces cadeaux. De son côté, la jeune fiancée envoie à son futur des tapisseries, des broderies travaillées de sa main, des ceintures, des bourses et autres objets ce genre. Jusqu'au jour de la célébration de leur mariage, ces futurs époux ne se verront pas, à moins d'une circonstance tout à fait fortuite. Ces échanges de cadeaux se renouvellent deux fois par an jusqu'à la célébration du mariage, pour entretenir de bonnes relations d'amitié. Le mariage des enfants est la grande affaire des parents en Chine. Ils la traitent en présence de leurs enfants, sans pourtant les consulter directement. Le respect de l'autorité paternelle est tel, que les enfants n'ont, pour ainsi dire, pas même la pensée de soulever une objection contre le projet. Le nombre des alliances mal assorties est beaucoup moins considérable qu'on ne le supposerait, à en juger d'après nos mœurs d'Europe. Les règles civiles, les usages de politesse sont très nombreux pour tout ce qui a trait au mariage. Les Chinois portent un soin extrême à les bien observer. La violation de quelqu'une de ces règles rend souvent le contrat de mariage nul. Ils ont, comme l'église, des empêchements dirimants et prohibants. Je ne donnerai ici qu'un exemple de chacun de ces empêchements chinois. Ainsi le mariage est défendu, sous peine de nullité, entre les familles du *même nom*, ne fût-on parent à aucun degré. Cet empêchement dirimant favorise beaucoup les lois de l'Église. Un empêchement prohibant serait, par exemple, de contracter mariage pendant la durée du deuil de l'une des familles. Le juge chinois punirait les contractants avec plus ou moins de sévérité, mais ne romprait pas l'union.

La mère de Joachim Hô mourut peu de temps après avoir embrassé la foi. Cet événement décida notre confesseur à s'engager dans les liens du mariage. Libre dans son choix, et consultant plus les inspirations de la sagesse chrétienne que celles de la nature, Joachim jeta les yeux sur une des filles de son ami Ly. Le caractère de la jeune personne s'alliait fort bien au sien. Un chrétien de la ville fut chargé d'être l'entremetteur, et de solliciter la main de la jeune fille, qui fut aussitôt accordée.

Le mariage de Joachim fut célébré de la manière suivante.

On fixa d'avance le jour du mariage. Les infidèles attachent à la désignation de ce jour une importance majeure. Ils ont, comme les anciens Romains, les jours fastes et néfastes pour les mariages, pour les sépultures et pour les autres grands actes de la vie. Excepté dans les usages superstitieux, nos chrétiens ont la liberté de se conformer en tout aux coutumes du pays. Ainsi la famille de la jeune fiancée est avertie, quelques mois d'avance, du jour de la célébration du mariage par des lettres de faire part élégamment écrites sur du papier rouge.

Plusieurs jours avant la cérémonie, tout est en mouvement dans la famille qui va recevoir une bru. Les amis viennent y passer la soirée et se divertir au bruit de la musique et au milieu des feux d'artifice. Les anciennes tablettes de la maison et tous les cartouches sont enlevés, pour faire place à d'autres tablettes neuves, à des cartouches plus élégants, dont la plupart ont été offerts au jeune fiancé par ses proches et par ses amis d'école. Ce sont des vers où sont exprimés des vœux pour le bonheur du couple futur. Les portes principales de la maison, surtout celle de l'entrée, sont ornées de bandelettes de soie de différentes couleurs. Tout est disposé avec une élégance qui plaît à la vue. La cour extérieure est pavoisée de drapeaux, d'oriflammes aux formes variées, qui flottent dans les airs et annoncent au loin que la famille est en fête.

CHAPITRE III

Mariage de Joachim selon les coutumes chinoises.

Les préparatifs de la noce se font avec activité à l'intérieur du ménage. Un mariage dans une famille aisée ne compte pas moins de cinq à six cents convives. Les proches parents, les amis intimes sont invités à domicile, huit à dix jours d'avance, au moyen de cartes élégantes; les autres convives sont invités d'une manière générale.

Avant la célébration du rite extérieur chinois, nos néophytes se disposent au mariage par les sacrements, s'ils ont un prêtre dans la chrétienté. La cérémonie religieuse devance quelque fois de plusieurs mois la cérémonie civile;

elle se fait à huis clos. La jeune épouse regagne ensuite sa famille jusqu'au jour de la cérémonie civile.

Le jour des noces arrivé, les musiciens font, de grand matin, retentir les airs de leurs concerts les plus harmonieux. La musique des Chinois a ses règles comme la nôtre. En Europe, bien des gens s'imaginent que toute la musique du Céleste Empire consiste à faire retentir, avec plus ou moins de fracas, soit la cymbale, soit le tam-tam. C'est là une des mille erreurs qui ont cours sur la Chine, encore si peu et surtout si mal connue, si mal jugée par une foule de personnes. Les Chinois ont plus de quarante espèces d'instruments de musique, et des ouvrages spéciaux qui enseignent les règles de cet art et le préconisent au-dessus des autres.

Après un ou deux concerts dans la maison de l'époux, le cortège se met en route pour aller chercher la jeune mariée. La musique ouvre la marche. Viennent ensuite les porteurs d'étendards aux mille formes et aux mille couleurs ; puis apparaît le palanquin magnifiquement orné, destiné à recevoir la jeune épouse. Les amis des deux familles, montés sur des coursiers, ferment le cortège.

Plus la famille est riche et élevée en dignité,

plus le cortège est nombreux. Dans la maison de l'époux, tout est joie, mouvement et préparatifs ; dans celle de l'épouse, c'est le contraire. La coutume chinoise veut que, plusieurs jours avant ses noces, l'épouse éclate en pleurs et en gémissements à l'occasion de son prochain départ. Elle fait, en style rythmé, ses adieux à ses amies, aux lieux qui l'ont vue naître, aux arbres, aux fleurs, à tout ce qui entoure la maison paternelle. Ses sanglots sont si véhéments, qu'on dirait à chaque instant qu'elle va succomber. Ainsi le veulent les rites. Ces coutumes sont tellement anciennes et si fort enracinées dans le peuple, que nous ne pourrions essayer d'en désabuser nos néophytes. Les anciens missionnaires l'on senti avec raison. Pour ce motif, ils ont composé et inséré dans le rituel chinois une série de pièces de vers pour les grandes époques de la vie : naissance, mariage, sépulture, etc. Ils ont donné aussi, en les christianisant, si je puis parler ainsi, les règles pour pleurer en cadence dans chaque circonstance où les us chinois le demandent. Sans doute un jeune missionnaire, encore peu au courant des mœurs et du génie de ce peuple si curieux, ne pourra se défendre tout d'abord d'un mouvement de surprise en lisant les articles de ce rituel ; mais peu à peu il comprendra la sage prudence des anciens évêques, qui se sont faits tout à tous pour sauver les âmes.

Le cortège, arrivé à la demeure de l'épouse, la salue au son de la musique. On met alors son trousseau sur des brancards bien parés et portés par deux hommes; on a soin de le disposer de manière à faire le plus d'étalage possible. Les meubles, et une partie des cadeaux de noces offerts en comestibles, sont aussi étalés sur des brancards. L'épouse, ornée avec un luxe tout asiatique, vient saluer la tablette de l'autel domestique et ses proches parents qui l'entourent. Elle monte en palanquin soutenue par quelques matrones qui lui servent de suivantes dans la cérémonie du jour. La musique se remet en marche. Plusieurs membres du cortège sont chargés de brûler des boîtes et des pétards de distance en distance. Un certain nombre de palanquins suivent celui de l'épouse. Les amis du nouvel époux, revêtus de leur plus élégante toilette, accompagnent à cheval le cortège, dont la marche lente et mesurée laisse à la foule des curieux la facilité de tout bien examiner. Plus on approche de la maison, plus le bruit des boîtes se fait entendre. Au moment où le cortège fait son entrée dans la maison de l'époux, le tumulte est à son comble : musique, bruit du canon, cris de la foule, tout se mêle.

L'autel domestique, enveloppé de tentures de soie brodée, est chargé de riches vases de porcelaine ; tous les cierges sont allumés. On dépose le palanquin de l'épouse sur le seuil même de la porte de la salle. L'épouse sort, la figure couverte d'un long voile, et soutenue par les matrones qui l'ont accompagnée. Le médiateur du mariage prend la main du jeune homme et le conduit au pied de l'autel, à la gauche de l'épouse. Un maître des cérémonies donne à haute voix le signal de chaque rite. Les jeunes époux saluent la tablette du vrai Dieu par trois inclinations profondes, puis ils tombent à genoux, et, à chacun des signaux du maître des cérémonies, ils font une prostration solennelle. Alors les catéchistes ou les principaux chrétiens du lieu chantent fort lentement des prières cadencées, composées pour la cérémonie. L'un d'eux lit ensuite à haute voix l'acte du mariage et une courte exhortation aux jeunes époux, qui sont demeurés debout pendant cette lecture. La lecture finie, les époux tombent de nouveau à genoux, saluent la tablette chrétienne, se relèvent et se saluent mutuellement pour la première fois en signe de consentement et de ratification de ce qui vient d'être fait ; puis, se dirigeant ensemble vers leurs parents debout au côté droit de l'autel, ils se mettent à genoux et font, par respect filial, trois prostrations commandées par l'usage. A ce moment, la musique se mêle de nouveau au bruit étourdissant des boîtes, des pétards et des cris de la foule. Les jeunes époux saluent tous les témoins. Les nouveaux parents de la jeune mariée, ainsi que les matrones, conduisent la nouvelle bru dans les appartements réservés aux femmes, et enlèvent le voile qui jusqu'alors avait caché sa figure aux regards de tout le monde. Les dames invitées à la noce l'entourent et la complimentent à l'envi. Le festin des dames a lieu dans ces appartements, où nul homme ne pénètre. Le nouveau marié même ne mange pas, ce jour-là, avec sa jeune femme.

Cependant les convives arrivent de toutes parts. A l'entrée de la salle principale est une crédence destinée à recevoir les offrandes. Nul convive ne peut se présenter sans être muni de son petit cadeau de noces. Chaque don est placé sous une enveloppe de papier rouge, sur lequel sont écrits des vœux et des maximes relatives à la circonstance. Le plus communément on offre des sapèques ou un lingot d'argent. Le repas commence immédiatement au son de la musique. Chaque table chinoise ne reçoit jamais plus de huit convives : ainsi le veulent les rites. C'est par le nombre de tables que l'on compte le nombre d'hôtes un jour de noces. Le chef de la famille, accompagné du jeune marié, se rend à chaque table et verse le premier à boire, en adressant quelques paroles gracieuses aux convives. Les repas commencent régulièrement par le dessert; puis viennent les mets, les divers ragoûts que l'on apporte successivement dans des porcelaines de toutes formes. Quarante, et même cinquante espèces de mets passent ainsi sur la table. Les convives d'une table s'accablent mutuellement de politesses ; des jeux de mots, des calembours qui ne manquent nullement d'esprit font à peu près les seuls frais de la conversation. Lorsque le repas des premières tables est achevé, la musique se fait entendre et donne ainsi aux seconds convives le signal de s'avancer. Le jeune marié et son père vont se placer sur le seuil de la porte et saluent ceux qui se retirent. D'autres leur succèdent sans délai : même festin, mêmes cérémonies. La journée se passe dans ces festins successifs à cause du grand nombre de convives; les jours suivants, la fête continue.

Pendant le premier mois de leur mariage, les nouveaux époux, en habits de noces, vont rendre visite aux amis de la famille et aux principaux du lieu. Avant la fin de la première année, l'usage veut que la nouvelle épouse aille passer quelque temps dans sa famille.

Tel fut de point en point le cérémonial suivi pour le mariage de Joachim Hô.

CHAPITRE IV

Exil de Joachim Ho.

Au commencement de ce siècle, la Chine offrait déjà le spectacle d'un empire qui tombe de vétusté; le pouvoir paraissait ébranlé. Les mahométans se soulevaient dans un grand nombre de provinces. Les hauts mandarins ne faisaient point de mystère de leur peu de sympathie pour la dynastie étrangère qui régnait à Pékin. La main ferme et vigoureuse de l'empereur Kienlong ne tenait plus les rênes de l'État. Des sectes occultes, surtout celle du Nénuphar-Blanc (*Péliên-kiao*), donnaient une juste inquiétude au gouvernement chinois.

On peut s'étonner avec raison que la cour de

Pékin ait confondu ou semblé confondre la religion chrétienne avec des sectes qui n'ont rien de commun avec elle. Par suite de cette confusion étrange, le commencement de ce siècle ne fut qu'une ère de persécution. Le gouvernement semblait surtout vouloir s'opposer plus particulièrement à la religion chrétienne dans le Koúy-tchéou, récemment soumis à la dynastie régnante. Aussi, chaque fois qu'il s'agissait de la doctrine chrétienne, les mandarins sévissaient-ils dans cette province avec une violence qui n'est pas dans le caractère chinois. Quatre mandarins supérieurs du Koúy-tchéou furent déposés pour n'avoir pas montré assez de vigueur.

Malgré la sévérité des édits, malgré l'absence complète de missionnaires, le nombre des néophytes croissait d'année en année, sous l'action même de la persécution. En embrassant la foi, les nouveaux convertis ne pouvaient que s'attendre aux épreuves annoncées par le Sauveur. La prison, les fouets, le rotin, la cangue, l'exil perpétuel ou la mort, tel est le sort réservé, dans ces pays infidèles, à ceux qui veulent être disciples de Jésus-Christ.

Cinq ou six persécutions bouleversèrent successivement la chrétienté de Koúy-yang. Plusieurs néophytes avaient été exilés, les uns dans les provinces de l'empire, les autres en Tartarie. Si Joachim Hô n'y fut pas impliqué, c'est à cause des absences fréquentes que lui imposait son petit négoce. Cependant, la 19ᵉ année du règne de l'empereur Kia-kin (1814) vit une persécution plus terrible que jamais gronder sur l'Église de Chine. Elle passa bien vite au Koúy-tchéou qu'elle désola.

Les chrétiens de la capitale, plus nombreux et plus connus que les autres, ressentirent les premiers les effets de ce nouvel orage. Plus de quarante néophytes, dont on avait pu avoir les noms, furent arrêtés et conduits en prison. Joachim Hô eut alors la gloire d'être un des principaux confesseurs. Mieux instruit que la plupart de ses compagnons des vérités de la religion, pénétré d'une foi plus vive, il mit dans ses réponses un courage qui fixa toute l'attention sur lui. On le regarda comme un des chefs de la religion. Au reste, le crédit qu'il exerçait sur ses compagnons de captivité, tant par ses exemples que par ses conseils, n'avait échappé à aucun des gardiens de la prison. Pour amener les néophytes à l'apostasie on calculait qu'il fallait d'abord gagner Joachim Hô ; on employa la calomnie et la raillerie. Mais l'âme du généreux chrétien était bien au-dessus de tels artifices.

Le mandarin chargé de la cause comprit bientôt qu'il ne lui restait plus que les supplices pour ébranler la constance des chrétiens. Joachim Hô était amené devant lui, et chaque fois que ses réponses déconcertaient le persécuteur, il recevait des coups de lanières de cuir sur la figure. Ce sont trois ou quatre morceaux de cuir, de la largeur de la main, avec lesquels on frappe sur la bouche et sur les joues de l'accusé. Bien qu'il ne compromette pas la vie, ce supplice du *pan-tsè* est fort douloureux. Quand on l'a subi à plusieurs reprises dans un même interrogatoire, la tête ne tarde pas à enfler, les joues deviennent livides, les mâchoires ébranlées se remplissent de petits ulcères ; le pauvre patient est réduit à ne pouvoir plus manger que des mets liquides.

Soutenus par les conseils et les exemples de Joachim, les autres confesseurs montrèrent un courage digne d'éloges. Au bout de quelques jours on leur fit subir un nouvel interrogatoire, durant lequel ils n'eurent à endurer que les supplices ordinaires ; on réservait à Joachim les plus rigoureux. L'inébranlable fermeté de ce digne athlète irrita ses juges. Ils se vengèrent de leur défaite en exerçant sur lui de nouvelles cruautés. Joachim fut soumis plusieurs jours de suite au cruel supplice du *pong-tsè*.

La seule pensée de ce tourment pénètre l'âme d'un sentiment de frayeur indicible. Les pieds du patient sont fixés sur le sol et suffisamment écartés l'un de l'autre. Deux petites planchettes enserrent la cheville de chaque pied; au signal donné, elles se rapprochent et pressurent à volonté cette partie si sensible des pieds. Les bras du patient sont attachés à des cordes passées dans des poulies fixées au plafond. On enlève la victime, qui, rivée au sol, a tous les membres disloqués. Pendant que les bourreaux tirent les cordes, plusieurs satellites, placés les uns derrière les autres, frappent à coups redoublés sur le corps nu du patient, en criant : « Te repens-tu ? te repens-tu ? » Si le supplicié garde le silence, on continue jusqu'à ce qu'il tombe évanoui. Alors on l'emporte ; on lui administre une dose de liqueur très forte et très aromatisée, qui le rappelle à la vie. Tel est le supplice auquel on soumit Joachim, qui, au moment de s'évanouir, ne savait murmurer que ces mots : *A la vie, à la mort, je suis chrétien.*

Après avoir à plusieurs reprises ainsi tourmenté Joachim Hô, on le laissa tranquille dans son cachot. Il se remit peu à peu de ces tortures, et manifesta une joie plus expansive qu'auparavant. Les fers qu'il portait lui semblaient plus beaux : il les avait tant de fois enviés à son ami Laurent Foù !

Pour adoucir un peu les rigueurs de sa captivité et lui donner une marque de leur admiration, les chrétiens de la ville trouvèrent le moyen de lui faire parvenir quelques aumônes. La cause des confesseurs fut portée au tribunal suprême de Pékin. Au bout de cinq à six mois arriva une sentence qui absolvait les uns, et condamnait les autres à l'exil. Pour Joachim et pour plusieurs de ses compagnons, ce fut l'exil perpétuel. Ces confesseurs en reçurent la nouvelle avec joie. On leur accorda seulement quelques jours pour les préparatis du voyage. Les amis de Joachim eurent la liberté de lui offrir un petit festin le jour du départ et de l'accompagner à une certaine distance. Les satellites ne pouvaient s'expliquer comment ces prisonniers prenaient le chemin de l'exil avec autant de joie que les autres montrent de tristesse en quittant pour toujours les amis et le sol natal. Le long voyage de nos confesseurs se fit partie à pied, partie en palanquin. Il ne leur fallut pas moins de neuf mois pour arriver à leur destination.

La province d'Y-ly est située au nord du Thibet, et fait partie de la Tartarie Mongole. Elle a souvent essayé, mais en vain, de secouer le joug des Chinois. Dans ces régions lointaines, les exilés ont à souffrir du froid, du changement de nourriture et de coutumes ; la sujétion à paraître à des intervalles fixes devant un mandarin du pays aggrave encore les peines du condamné. On assigne à chacun le lieu qu'il doit habiter ; mais on ne le tient pas en prison. La souffrance la plus sensible à ces chrétiens était d'être privés des secours de la religion. La province d'Y-ly ne compte que fort peu de chrétiens indigènes. Nos confesseurs de Koúy-tchéou n'y ont jamais rencontré que des chrétiens d'autres provinces de l'empire exilés comme eux pour la foi.

De loin en loin, un missionnaire de la province de Chan-si avait la charité de visiter les confesseurs de la foi. Mais la distance de Chan-si à Y-ly est très grande ; les exilés n'étaient jamais informés d'avance de l'arrivée du prêtre, et celui-ci ne pouvait pas faire un long séjour parmi eux, de sorte que beaucoup de chrétiens étaient privés des bienfaits de son ministère. Ce qui faisait la joie des uns, faisait le regret des autres. La providence y pourvut.

Un vénérable prêtre chinois, M. Tchang, de la province du Su-tchuen, fut aussi exilé pour la foi en Tartarie, et vint rejoindre les nombreux proscrits. Il fut reçu comme l'ange envoyé pour consoler et soutenir le troupeau affligé. Désormais les généreux athlètes pourraient renouveler leurs forces et leur courage dans les exhortations du prêtre et dans la vertu des sacrements. Joachim Hô puisa plus que nul autre à cette source de grâces. Il fut le modèle des chrétiens ; les païens mêmes admiraient la sérénité de son âme.

De temps en temps la cour de Pékin accorde des amnisties aux condamnés. Après quatorze ans d'exil à Y-ly, Joachim apprit que sa peine était commuée. On lui permettait de rentrer en Chine et de séjourner dans la province impériale. C'était encore l'exil, mais l'exil adouci par la faveur de vivre dans sa patrie et de se rapprocher du pays natal. La foi lui montrait les miséricordieux desseins de la Providence ; il ne doutait pas que sa résidence à Pékin ne fût un acheminement vers le Koúy-tchéou, et il partit plein de cette ferme espérance. Il était fixé à Pékin depuis deux ans, lorsqu'une révolte éclata dans la province impériale. Des hommes furent envoyés de la capitale contre les rebelles ; Joachim faisait partie de cette troupe. Il mérita d'être signalé pour sa belle conduite.

Quelques mois après l'apaisement des troubles,

un décret impérial lui faisait grâce entière de l'exil, lui accordait la décoration du Globule-Blanc, et ordonnait qu'il fût conduit dans son pays natal, aux frais du trésor et avec les honneurs militaires. Les païens, épris de respect et d'affection pour cet homme dont la vertu les étonnait, le félicitaient et le suppliaient en même temps de demeurer dans la province de Pé-tché-ly. Joachim eût cédé à leurs instances s'il n'avait consulté que ses avantages temporels. Des sentiments plus forts que des considérations d'intérêt dominaient son cœur et l'attiraient à Koúy-yang, dans la province de Koúy-tchéou. Il y avait laissé des amis chrétiens, sa famille, l'oratoire témoin de sa première ferveur; tous ces souvenirs l'appelaient.

Son nom était resté vivant et honoré à Koúy-yang. Lorsqu'on sut qu'il arrivait, avec les honneurs prescrits par l'empereur, la population prépara un accueil solennel au confesseur de la foi.

Ce grand fait de la vie de Joachim Hô se passait la douzième année de l'empereur Tao-kouang (Doctrine lumineuse), c'est-à-dire en 1832, après dix-huit ans d'exil.

CHAPITRE V

Vie de Joachim Hô après son retour de l'exil.

Le bonheur de revoir son pays fut mêlé de deuil et de tristesse. Beaucoup de personnes et beaucoup de choses dont Joachim Hô avait gardé le doux souvenir avaient disparu. Il ne retrouva plus aucun membre de sa famille; la mort avait fait des vides nombreux parmi ses anciens amis; l'oratoire où il avait passé des heures si délicieuses avait été vendu par les mandarins, qui s'en étaient approprié le prix. Une âme ordinaire eût été accablée; Joachim n'était point insensible à cette solitude que le temps et la malice des hommes avaient faite autour de lui; mais, habitué à tout voir des hauteurs de la foi, et mûri par la persécution, il accepta ces nouveaux sacrifices comme tous ceux que Dieu lui avait déjà demandés.

Avec l'argent reçu de la munificence impériale, il acheta un petit domaine contigu au terrain sur lequel était bâti l'oratoire confisqué par les mandarins. Le revenu de cette propriété suffisait à ses besoins. Sa modeste maison, un peu écartée de la ville de Koúy-yang et accessible par plusieurs sentiers, convenait très bien aux réunions religieuses. Il offrit d'y établir l'oratoire de la chrétienté. La proposition fut accueillie avec joie par les chrétiens, heureux de revenir prier et adorer ensemble au lieu où fut le berceau de la religion à Koúy-yang.

Dès l'automne de 1833, le missionnaire fit la visite de la chrétienté chez Joachim Hô. L'oratoire en Chine ressemble bien peu à l'édifice appelé de ce nom en Europe; c'est simplement une chambre de la maison d'un néophyte. Un grand voile ou une cloison la sépare en deux parties. Les hommes occupent un côté; les femmes, l'autre. Une simple planche couverte d'une toile sert d'autel, sur lequel est suspendue une autre toile de couleur, en guise de baldaquin, par raison de propreté plutôt que d'élégance; quelques chandeliers en bois, des images apportées d'Europe, encadrées à la manière chinoise, en forment le mobilier. Tel est au Koúy-tchéou l'oratoire où se réunissent les chrétiens pour assister au saint sacrifice pendant la nuit. Le silence et l'obscurité font penser aux catacombes de la primitive Église. Les offices sont toujours célébrés avec la même simplicité. Ainsi le veut la prudence[1]. Le jour où l'on pourra sans danger déployer les splendeurs du culte catholique devant ce peuple si attaché aux rites, si fidèle aux cérémonies prescrites par les usages mêmes de la vie civile, un grand pas sera fait. Les missionnaires auront en main un puissant moyen pour attirer les Chinois à notre religion.

Par ses exemples, Joachim Hô servit la religion à Koúy-yang, bien plus que par l'oratoire ouvert à la chrétienté. Sa vie était une prédication continuelle. Son langage, toujours plein des pensées de la foi, son air grave et recueilli, sa douceur, sa patience, révélaient le vrai disciple de Jésus-Christ. Les intérêts, les mille riens qui tiennent tant de place dans l'esprit des hommes du monde, ne le touchaient pas; il avait son cœur plus haut que cela; si on en par-

[1] Nous rappelons que ces lignes ont été écrites en 1853.

lait devant lui, il se taisait. Mais dès qu'il s'agissait des choses du ciel, son âme s'épanchait en paroles de feu.

Ces entretiens qu'il aimait, il ne les recherchait pas. Ses goûts étaient la solitude. Retiré dans sa maison, il se tenait uni à Dieu par la méditation et la prière. Sa dévotion se nourrissait des mystères de la Passion du Sauveur. Depuis sa conversion, il faisait, deux fois par semaine, le chemin de la croix. Les vies des saints étaient ses lectures préférées. Sa piété s'attendrissait tellement dans ces exercices, que souvent nos néophytes l'ont surpris versant des larmes.

A ces pratiques de la vie intérieure, Joachim joignait la mortification des sens. Il savait que la chair est ennemie de l'esprit, et il la domptait par une sobriété sévère et par des pénitences corporelles. Tous les vendredis, il jeûnait en l'honneur des cinq plaies de Notre-Seigneur. Il observait l'abstinence le mercredi, selon l'usage d'un grand nombre de néophytes; à certains jours, il se privait de vin, et, pendant le carême, il ajoutait aux mortifications prescrites la privation de tabac. Le mercredi des Cendres il déposait sa pipe dans une armoire; il ne l'en retirait que le jour de Pâques après dîner. Ceux qui ont connu combien l'habitude de fumer est générale en Orient, et combien elle est impérieuse lorsqu'on l'a contractée, comprendront la force de résolution que demandait ce sacrifice.

Cette vertu si austère à elle-même était douce au prochain. On était sûr de trouver auprès de lui bienveillant accueil, bon conseil et appui dans les circonstances difficiles. Son indulgence n'allait pourtant pas jusqu'à faiblir devant les violations de la loi de Dieu. Il repoussait la fausse prudence qui excuse tout ou n'ose parler. Il était prompt à avertir et à reprendre dès que Dieu était offensé. Ce zèle lui suscita quelquefois des inimitiés. Il les supporta sans se troubler, il pardonna, et finit toujours par gagner au bien les natures rebelles. Jamais sa charité ne fut en défaut.

La charité de Joachim était trop vive pour ne point se manifester au dehors. On l'entendait déplorer souvent avec amertume l'aveuglement des pauvres infidèles, qui refusent d'ouvrir les yeux à la lumière de l'Évangile, et qui demeurent courbés sous le joug du démon. Son zèle s'étendait principalement sur les nouveaux prosélytes. Il apportait un soin admirable à leur inculquer la nécessité de former en eux l'image de Jésus-Christ, à retracer dans chacun des actes de leur vie, les exemples divins de ce sublime modèle. Lui arrivait-il de voir Dieu offensé par ceux qui ont le bonheur de le connaître, il en éprouvait une affliction profonde.

Le prêtre, M. Matthieu Lieou, chargé de visiter le Koúy-tchéou, avait formé à Hin-ngy-fou des prosélytes en assez grand nombre. Il désirait établir une école, pour les affermir dans la bonne voie; mais il lui manquait un maître qui pût la diriger. Il confia son embarras à Joachim Hô, et le pria d'accepter cette mission. C'était lui proposer de renoncer à sa chère retraite, aux habitudes et à la paix de sa vie; Joachim sentit la peine du sacrifice qu'il devait faire, mais il vit la volonté de Dieu dans l'appel que le prêtre lui adressait, et il partit sans hésiter.

Il ne se contenta pas d'enseigner les lettres chinoises à ses élèves; l'instruction religieuse fut l'objet de ses soins les plus assidus. Lorsqu'il avait passé la semaine à donner des leçons, au lieu de se reposer dans les exercices intimes de sa piété, le dimanche il réunissait les adorateurs et les catéchumènes, afin de les disposer à la grâce du baptême.

Ceux qui ont eu le bonheur d'être ses élèves

ont gardé dans leur cœur l'empreinte ineffaçable de ses exemples et de ses paroles, et tous se sont montrés chrétiens fermes et édifiants. Quoique son séjour ait été de courte durée à Hin-ngy-fou, sa mémoire y est restée bénie et vénérée.

Le parfum de ses vertus s'était répandu dans toute la province, où l'on ne parlait jamais de lui sans dire simplement Hô le saint homme (*Ho-chen-ieu*).

CHAPITRE VI

Retour de Joachim à Koúy-Yang. — Visite d'une
chrétienté par le missionnaire.

Tout semblait devoir retenir pendant plusieurs années Joachim Hô à Hin-ngy-fou. Il y faisait avec succès l'œuvre de Dieu, au milieu de néophytes dociles et fervents. Mais une voix secrète le pressait de retourner à Koúy-yang. Il y revint, en effet, en 1839, pour les fêtes du nouvel an chinois, qui commençaient le 15 février. Comme s'il eût eu le pressentiment des événements prochains, il se hâta de mettre ordre à ses affaires temporelles, et mena une vie encore plus détachée des choses extérieures et plus cachée en Dieu.

Pendant le carême de cette même année,

M. Matthieu Lieou, venant visiter la chrétienté de la capitale du Koüy-tchéou, descendit chez Joachim; il fut reçu avec tout le respect que l'on témoigne en Chine aux ministres de Dieu. La visite du missionnaire est un jour de fête pour les chrétiens qui n'ont qu'une fois par an le bonheur de posséder près d'eux celui qu'ils appellent avec amour le pasteur de leur âme, leur père spirituel. C'est une mission qui s'ouvre avec un cérémonial particulier, et se continue par des exercices appropriés aux lieux et aux circonstances.

Le catéchiste de la station, ordinairement informé du jour de l'arrivée du missionnaire, députe à sa rencontre douze à quinze néophytes, chargés de porter son palanquin et ses effets. Les hommes attendent, réunis dans l'oratoire. En descendant de palanquin, le missionnaire ne salue pas, et ne parle à personne; il va droit à l'autel, paré comme aux solennités. Les cierges sont allumés, l'eau bénite est préparée. Au signal du catéchiste, le chant des prières commence; on loue Dieu, on le remercie d'avoir envoyé son représentant, que l'on promet d'honorer comme Jésus-Christ lui-même; on demande la grâce de profiter de sa visite pour avancer dans la perfection. Le missionnaire bénit les fidèles par l'aspersion de l'eau, puis on achève les prières. Il monte à l'autel, et les néophytes le saluent à la manière des Orientaux. Après quelques paroles de bienveillance adressées aux assistants, il est conduit par le maître de la maison ou par le catéchiste dans l'appartement qui lui est destiné. Les gens de sa suite s'installent dans les chambres voisines.

Le lendemain, le missionnaire se met au courant de ce qui s'est passé dans la chrétienté depuis l'année précédente ; il règle les principaux exercices de la mission, et il reçoit les pères de famille en visite particulière. Le jour suivant, la mission commence par la célébration de la sainte messe. C'est ordinairement avant le jour, afin de moins exciter l'attention des païens. Tous les fidèles, excepté ceux qui sont nécessaires à la garde des maisons, y assistent exactement. Comme les familles dont se compose la station sont souvent très dispersées, plusieurs voyagent une grande partie de la nuit pour arriver au rendez-vous. Cette course nocturne est surtout méritoire pour les femmes chinoises, qui ont tant de peine à marcher. Tous les matins, à la messe, le missionnaire fait une exhortation aux fidèles, avides d'entendre la parole de Dieu. Après l'office, le premier des catéchistes fait l'examen des néophytes ; tout le monde y assiste. Chaque fidèle doit subir annuellement un examen public sur un point de doctrine ; ceux qui ne répondent pas d'une manière satisfaisante sont provisoirement éloignés de la réception des sacrements ; c'est la punition la plus sensible qui puisse leur être infligée. En quittant une chrétienté, le missionnaire désigne la question qui sera le sujet de l'examen pour l'année suivante. On parcourt successivement ainsi tout le plan de la doctrine chrétienne : dogme, morale, culte, controverse, etc. Aussi les chrétiens de Chine sont-ils communément très instruits. Après cet examen, qui dure environ une heure, on inscrit le nom des néophytes qui doivent s'approcher, ce jour-là, du sacrement de pénitence. Ils dépassent rarement le nombre de quinze. Les autres se retirent chez eux.

Un autre catéchiste se rend à l'oratoire et dispose les néophytes à la confession, par la lecture d'un examen de conscience très détaillé, et par une méditation à haute voix sur un motif de contrition.

Pendant cet exercice, le missionnaire rassemble les catéchistes et leur assigne les travaux de la journée. Plus il y a de catéchistes, plus grand est le bien qu'il opère. Dans ces malheureux pays, il y a si peu de liberté et tant d'antipathie contre les étrangers, que le missionnaire européen ne peut se mettre en rapport direct avec les infidèles[1]. C'est la tâche des catéchistes indigènes que nous formons à la prédication, et qui remplissent auprès de nous les fonctions des diacres de la primitive Église. Ils ne reçoivent aucun salaire, au moins dans nos missions de l'Ouest; voués à Dieu à titre d'auxiliaires, ils nous suivent à la seule condition d'avoir comme nous le vêtement et la nourriture. Il est fâcheux que nos ressources ne nous permettent pas d'en avoir autant que le voudraient les besoins de notre ministère.

Ces bons catéchistes forment trois classes distinctes. Les uns, exclusivement appliqués au service intérieur de la mission, ne quittent jamais le prêtre; d'autres sont destinés à aller prêcher l'Évangile aux infidèles. Ils s'entendent avec les néophytes sur les moyens de s'introduire dans quelques familles. C'est à eux de s'ingénier ensuite pour gagner la confiance et faire naître l'occasion d'annoncer la bonne nou-

---

[1] Il faut se rappeler que cette notice a été écrite en 1853.

velle. Cette mission difficile et délicate est confiée aux plus capables et aux plus lettrés. La troisième classe des catéchistes est celle des médecins. Ils vont dans les villages, à la recherche des enfants malades qu'ils baptisent.

Les catéchistes restés à la suite du missionnaire se partagent les catéchumènes en plusieurs groupes, et les préparent à recevoir le baptême ou à passer par les divers degrés du catéchuménat.

Il est six à sept heures du matin quand le missionnaire a réglé l'ordre de la journée, et la tâche incombant à chacun de ses ouvriers. Il entend les confessions jusqu'à midi. Ensuite il se recueille quelques instants, prend son repas, se repose ou se promène seul, dans l'intérieur de la maison. L'étiquette chinoise ne permet pas d'avoir avec les néophytes des conversations familières, comme il est d'usage en Europe que le prêtre en ait avec ses paroissiens.

Après ces heures de délassement, le missionnaire rentre à l'oratoire, où il trouve réunie, chaque jour, une catégorie différente de fidèles. Tantôt ce sont les enfants, tantôt les hommes et les chefs de famille; une autre fois ce sont les catéchumènes qui viennent subir un examen sur l'ensemble de la doctrine chrétienne. Les adorateurs ne sont pas encore admis à s'approcher du prêtre. D'autres affaires très compliquées et ordinairement très graves absorbent les instants du missionnaire dans l'après-dîner : répondre aux messages des catéchistes éloignés ; apaiser les différents survenus entre chrétiens ; écrire aux néophytes en prison pour la foi, leur envoyer des secours, les défendre devant le mandarin ; prononcer sur les cas multiples que les intérêts et les passions font naître entre chrétiens et païens : telle est sa sollicitude quotidienne. Presque tous nos néophytes ont dans le paganisme des parents qui les molestent et les accusent devant les tribunaux pour cause de religion. De là surgissent des procès qui dégénéreraient aisément en persécutions locales, si on ne les arrêtait. Les métiers sont réunis en corporations qui ont leurs règles, leur idole propre et leurs pratiques superstitieuses. Dès qu'un artisan chrétien refuse de coopérer à ces pratiques, il est pillé, maltraité ou dénoncé au mandarin, qui le condamne invariablement au rotin, à l'amende et à la prison. Ou bien c'est un père de famille qui, avant sa conversion, a fiancé sa fille à un païen ; celui-ci ne veut ni rompre le pacte ni permettre à sa femme future d'être chrétienne; ou c'est une femme repoussée par son mari et traduite devant le mandarin, parce qu'elle veut être chrétienne. On comprend combien, dans ces circonstances, il y a d'âmes vacillantes à soutenir, de consolations à donner, de ménagements à observer, d'écueils à prévoir. Le missionnaire prend conseil de Dieu, et prononce une décision qui a une autorité sacrée auprès des fidèles.

Le soir, à la nuit tombante, les catéchistes se rassemblent autour du missionnaire et lui rendent compte des travaux de la journée, obstacles rencontrés ou succès obtenus. Les néophytes se réunissent ensuite à l'oratoire pour prier en commun. Leur prière dure une heure ou une heure et demie, suivant que la saison le permet. C'est le moment où le missionnaire vaque à son office canonique et à ses autres exercices de piété. Lorsqu'il s'en est acquitté, il vient au milieu des néophytes, leur adresse des avis et des exhortations, et il préside au catéchisme.

Ainsi s'est passée la première journée, ainsi se passeront les suivantes. Le baptême des adultes a lieu vers la fin des exercices.

L'arrivée du missionnaire fut une fête; son séjour a procuré de religieuses délices à la chrétienté, son départ sera un deuil : il faut rompre des affections que la foi avait cimentées dans la participation aux saints mystères, dans les effusions les plus intimes du cœur, dans l'édification et la prière communes. Plus de prêtre au chevet de ceux que la mort frappera pendant l'année; plus de voix pour soutenir le courage effrayé devant la persécution toujours menaçante : toutes ces tristesses pèsent sur le missionnaire qui s'en va, autant que sur la chrétienté qui pleure de le voir partir. Mais d'autres chrétientés appellent l'envoyé de Dieu, qui bénit une dernière fois ses enfants bien-aimés.

En rapportant les usages observés en Chine dans les visites des missionnaires aux chrétientés, nous avons dit l'ordre des exercices pratiqués à Koúy-yang par M. Matthieu Lieou, lorsqu'il vint y faire sa visite en 1839.

CHAPITRE VII

Nouvelle persécution. — Joachim Hô est arrêté. — Son interrogatoire. — Ses tourments. — Sa condamnation à mort. — Son martyre.

M. Matthieu Lieou allait quitter Koúy-yang lorsqu'il survint un incident, cause de grands malheurs pour la chrétienté. Des voleurs avaient pénétré dans l'oratoire et enlevé les objets du culte tombés sous leurs mains. Grand fut l'émoi des chrétiens, plus affligés de la profanation des choses religieuses que de la perte matérielle. Les auteurs de ce vol furent bientôt découverts; c'étaient des païens. Les principaux d'entre les chrétiens se réunirent pour délibérer sur le parti à prendre. Les uns étaient d'avis de dénoncer les malfaiteurs au mandarin; d'autres, plus prudents, conseillaient de députer quelqu'un auprès des voleurs et de négocier un arrangement. Ils craignaient de donner prétexte à un procès de religion, en traduisant les coupables devant les tribunaux; il était plus sûr de les inviter à un repas et d'entrer en composition amiable avec eux. Cet avis prévalut. Les païens acceptèrent l'invitation. On discuta vivement, et il fut convenu que les païens restitueraient les objets volés, et que les chrétiens ne porteraient aucune plainte au magistrat.

Les païens étaient venus au rendez-vous avec autant de perfidie que les chrétiens y avaient apporté de sincérité naïve et confiante. Ceux-ci pressaient l'exécution des promesses faites, ils menaçaient; ceux-là refusaient. Les têtes s'échauffèrent. Les païens, décidés à ne rien rendre, combinèrent une infâme machination. Ils dressèrent une accusation de complot et de révolte contre les chrétiens supposés détenteurs d'armes cachées. Quoique dénuée de la plus légère apparence de vérité, cette accusation fut accueillie avec faveur par les employés subalternes du tribunal, qui s'enrichissent de toutes les causes, bonnes ou mauvaises; le mandarin y vit aussi l'occasion d'un profit. Sans enquête préalable, il fit arrêter trente et un néophytes avec Joachim Hô, toujours le premier zélateur signalé à l'animadversion des ennemis de la foi. On les mit au cachot. Ceci arriva au commencement d'avril 1839.

Joachim Hô regarda cette nouvelle occasion de souffrir pour Jésus-Christ comme une bonne fortune. Aussi ne cacha-t-il nullement la joie qu'il en éprouvait. A son langage, on ne doutait plus qu'il n'eût un pressentiment bien arrêté de l'issue de cette nouvelle persécution. Cette fois, il ne parlait plus de se défendre ni de l'exil qui pouvait l'atteindre; mais il annonçait avec l'accent le plus convaincu que, dans un bref délai, il verserait son sang pour Jésus-Christ. Ces paroles, entendues des satellites eux-mêmes, produisirent sur eux une grande impression. La gravité, le calme avaient été jusque-là l'état habituel de Joachim. Maintenant tout était changé en lui. Sa physionomie était animée, son geste vif, sa parole sentencieuse et brûlante. Aussi ce courage héroïque produisit-il un effet des plus heureux sur l'esprit de tous ses compagnons de captivité. Que de fois, depuis notre arrivée à Koúy-yang, nous nous sommes plu à nous faire raconter cet épisode de la vie de notre confesseur par quelques-uns de ses compagnons de captivité qui vivent encore!

Dans son cachot, Joachim ne cessait de bénir Dieu de l'avoir trouvé digne de souffrir encore une fois pour son saint nom. Il prêchait avec feu aux malfaiteurs détenus à ses côtés, aux satellites eux-mêmes qui le servaient. Son cœur semblait à présent comme un foyer embrasé qui a besoin de jeter au dehors la flamme qu'il ne peut plus contenir.

Cependant le bruit de la prise des chrétiens s'était répandu comme l'éclair dans la ville et les campagnes d'alentour. Quelques années à peine s'étaient écoulées depuis la dernière persécution. Les gentils ne pouvaient concevoir qu'il se trouvât encore des gens si attachés à une secte que l'on poursuivait sans relâche. La foule des curieux se portait chaque jour au prétoire. Joachim avait de nombreux amis parmi les gentils eux-mêmes. Bien que sa modestie lui eût constamment fait refuser le titre officiel de catéchiste, on ne le regardait pas moins et avec raison comme un des principaux chefs de la religion en ville.

Le mandarin chargé d'instruire la cause était un de ces hommes actifs qui se poussent aux honneurs par toute espèce de moyens. Il remplit sa tâche avec une rare diligence. Ce mandarin s'appelait Foug-houy-tchou.

Le lendemain de l'arrestation, il fit comparaître Joachim à son tribunal. L'accusé se présenta avec l'assurance que donne une conscience pure, et avec la dignité d'un chrétien qui défend la cause de Dieu.

L'interrogatoire commença :

« Est-ce toi qu'on appelle Hô-kay-tché?

— Oui, moi, le tout petit; je suis, en effet, de l'humble famille qui porte ce nom.

— Tu es chef des chrétiens?

— Je n'ai pas assez de mérite pour avoir cet honneur.

— Si tu n'es pas chef des chrétiens, pourquoi se réunissent-ils dans ta maison?

— Ma maison est retirée et solitaire; elle est, pour ce motif, choisie comme plus propre à nos réunions religieuses.

— Votre religion est sévèrement défendue par les lois. Embrasser cette secte méprisable qui vient des pays étrangers, c'est se rendre coupable de rébellion.

— Mandarin, on a calomnié notre religion auprès des empereurs. S'ils la connaissaient, les lois qui la proscrivent seraient bien vite abolies.

— Quoi! tu oses parler avec si peu de respect des empereurs, les augustes père-mère du peuple! »

Le mandarin jeta sur le pavé quelques jetons placés sur sa table. C'était le signal du supplice et du nombre de coups à infliger. Un des satellites se précipite sur les jetons, les compte et crie le nombre : « Vingt coups de semelle de cuir sur la bouche. »

Un bourreau exécute l'ordre. Après quelques instants de silence, sous la vive impression de la douleur, Joachim reprit :

« A Dieu ne plaise que je manque au respect dû à l'empereur! Prenez nos livres de doctrine, qui sont aujourd'hui entre vos mains; voyez s'il ne nous est pas prescrit comme un rigoureux devoir d'honorer les princes, même ceux qui nous persécutent, de leur payer le tribut, de prier tous les jours pour eux. La révolte serait un crime odieux.

— Toutes les sectes ont leur secret qu'elles cachent avec soin. Vous autres chrétiens, vous n'avez cessé de passer pour des gens très entêtés. Comment! toi-même tu as subi la peine de l'exil sous l'empereur Kian-kin, pour avoir embrassé la secte des chrétiens, et tu n'es pas amendé! Quel aveuglement!

— L'empereur Tao-kouang a rendu justice à

notre religion, en me donnant la liberté et en me renvoyant comblé des dons de sa munificence.

— Cet homme est d'une audace incomparable! Quoi! tu oses dire que l'empereur approuve votre religion perverse, lorsque les archives du prétoire sont remplies de décrets impériaux contre ses sectateurs, et mettent à nu les crimes dont vous êtes coupables! Ces crimes sont révoltants.

— Écoutez le langage de la raison et de la droiture. Nos ennemis nous ont couverts de calomnies : voilà la cause des fausses accusations que l'on nous impute.

— Tu renonceras cette fois pour toujours à cette religion insensée, ou tu payeras cher ton aveuglement.

— Plus j'ai connu la religion du vrai Dieu, plus je l'ai aimée. Si j'avais voulu y renoncer, je n'aurais pas pris le chemin de l'exil. A la vie, à la mort, je serai chrétien. Mon corps est entre vos mains; mais vous n'avez aucun pouvoir sur mon âme. »

En entendant ces paroles énergiques, le mandarin laissa tomber une verge sur la table. A ce signal, l'instrument de la torture nommé *pong-tsé* fut préparé.

Joachim Hô était à genoux, en face du juge, durant l'interrogatoire. Il se releva promptement en répétant : « A la vie, à la mort, je serai chrétien ; » et il s'étendit lui-même sur le cruel instrument.

On n'entendait que le craquement de la machine et la voix expirante du patient qui murmurait ces héroïques paroles : « Dix fois dix mille morts ; mais apostasier, jamais ! »

La violence de la torture avait excédé les forces de Joachim ; il s'évanouit. On l'emporta dans son cachot. Cette inébranlable fermeté d'âme dans un corps brisé par le supplice communiqua un redoublement d'énergie aux autres prisonniers confesseurs de la foi. C'étaient, pour la plupart, des femmes, des enfants et des infirmes. Si chacun d'eux ne pouvait, comme Joachim Hô, rendre raison de la foi, tous savaient la confesser avec courage. « Nous sommes chrétiens, nous voulons mourir chrétiens ! » s'écrièrent-ils. Aussi tous furent flagellés.

Le mandarin, irrité de ce qu'il appelait l'entêtement des chrétiens, voulut presser la conclusion du procès. Il tenta un dernier essai d'intimidation par un second interrogatoire suivi de l'appareil ordinaire de la torture. Rien n'ébranla, rien n'effraya même la constance immuable des confesseurs. Joachim Hô était trop faible pour être soumis encore au supplice du pong-tsé; les autres furent battues à coups de rotin et renvoyés au cachot.

Le rapport du procès fut adressé à la ville impériale. Le mandarin demandait la ratification des peines portées contre Joachim Hô et contre ses codétenus. Ces pièces de procédure ne sont sujettes en Chine à aucun contrôle; si leur contenu est exagéré ou mensonger, il n'y a aucun recours possible à un juge mieux informé; une coutume étrange exige même que l'accusé appose sa signature au bas du rapport.

L'issue du procès était donc révélée aux prisonniers. C'était une condamnation certaine à la peine de mort pour Joachim Hô; c'était aussi le dénouement le plus cher à ses vœux ardents. Mourir pour attester sa foi devant les infidèles! La joie rayonnait sur sa figure. Il se hâta de rompre les dernières attaches qui le retenaient à la terre. Comme il n'avait pas de proches héritiers, il légua, par fidéicommis, son petit domaine à l'Église, à condition que sa maison serait toujours le lieu de réunion des chrétiens. L'argent qui lui restait fut distribué en bonnes œuvres. Désormais libre des préoccupations temporelles, il fut absorbé dans la contemplations des choses du ciel; il y vivait par ses désirs, par ses espérances, par la prière. Les chrétiens s'empressaient de lui offrir les services qui pouvaient adoucir sa captivité; ils venaient aussi s'édifier auprès de lui. Ces témoignages d'affection et de charité le touchaient, mais ne le détournaient pas de ses aspirations vers Dieu et vers un monde meilleur. Une seule peine troublait la joie de son âme; il regrettait de ne pouvoir communier en viatique pour se préparer plus dignement à la grâce du martyre. M. Matthieu Lieou, seul prêtre connu dans la province, était passé au Su-tchuen.

Le 1er juillet, la sentence impériale arriva. Six confesseurs étaient condamnés à l'exil perpétuel en Tartarie. En sa qualité de chef des chrétiens et de relaps, Joachim Hô était condamné à mourir par la corde. La sentence devait être exécutée le lendemain du jour où elle serait reçue.

Le mandarin fit venir les condamnés devant lui et leur donna lecture de l'ordre impérial. Après avoir entendu la sentence, les condamnés se prosternèrent aux pieds du mandarin, pour le remercier, et ils protestèrent de leur inviolable fidélité à la religion chrétienne. Joachim Hô eut, en ce moment, une attitude et un langage qui émurent le prétoire et les assistants attirés par la curiosité. Ses amis voulurent passer avec lui la soirée de son dernier jour, et lui servir le repas qu'il est d'usage d'offrir aux condamnés. Joachim toucha à quelques mets par déférence pour la pieuse attention des chrétiens; mais il trouvait un aliment plus fortifiant dant les pensées de la foi. Il sentait comme les approches du ciel, et il était heureux; sa parole s'échappait en traits de flamme.

Enfin il toucha au terme désiré, le jour de la Visitation de la sainte Vierge, le 2 juillet. A neuf heures, on vint lui annoncer que tout était prêt et que le cortège allait partir pour le lieu de l'exécution. Le mandarin, craignant l'impression de la parole de cet homme sur le peuple, ordonna qu'on lui fermât la bouche par un bâillon. Joachim se soumit avec douceur à cette humiliation. Avant de quitter le cachot, il se mit à genoux et pria quelques instants.

Mais les bourreaux avaient hâte. Le canon donna le signal du départ. Trente satellites rangés sur deux rangs marchaient en tête du cortège. Cinq ou six étendards suivaient. Environné de ses gardes, Joachim marchait d'un pas ferme, un peu accéléré, sans paraître remarquer la foule qui suivait le cortège. Son air vénérable, sa démarche grave, la cause de sa condamnation, ce bâillon inaccoutumé qui lui interdisait l'usage de la parole, toute cela produisit sur la foule des spectateurs un sentiment que la plume est impuissante à exprimer. En ces occasions, le tumulte, les cris sont d'ordinaire à leur comble. Cette fois, c'était un silence profond; la foule semblait contenir son haleine en face du vénérable confesseur. Le palanquin du mandarin, porté avec la pompe ordinaire, suivait le confesseur. Ses conseillers, en chaise, plus simples, fermaient la marche.

Au bout d'une demi-heure, on arriva au lieu du supplice, déjà envahi par la foule. Le juge et ses assesseurs se placèrent immédiatement sur l'estrade destinée à les recevoir. Le dernier sacrifice de Joachim fut assurément celui de ne pouvoir exprimer encore une fois ses généreux sentiments dans un moment aussi solennel. Par un mouvement spontané, n'ayant plus la charge de sa cangue, il se prosterna du côté du juge pour le saluer encore une fois, puis il remercia par signe ses bourreaux. Il se plaça lui-même contre le pieu, en forme de croix, érigé sur le lieu du supplice. Il offrit ses bras aux bourreaux, qui les attachèrent à la potence avec célérité. Le nœud coulant fut passé autour de son cou.

Du haut des remparts qui avoisinent le champ de l'exécution, à une petite distance de la demeure même de Joachim, un coup de canon se fit entendre. Un tressaillement prompt comme le mouvement électrique avait gagné toute cette foule compacte. Au bruit même du canon, les bourreaux avaient rempli leur office avec tant de célérité, que les curieux les plus rapprochés du confesseur n'eurent pas le temps de s'apercevoir du mouvement d'exécution.

Cependant l'âme du héros s'envolait au ciel sur les ailes des anges. L'armée des martyrs tressaillait d'allégresse à la venue de ce nouveau témoin qui venait grossir leur troupe. La Reine des martyrs dut présenter elle-même son fidèle client à son divin fils.

Le nouvel athlète de la foi avait atteint sa soixante-cinquième année lorsqu'il cueillit la noble palme qui fait aujourd'hui sa gloire, et donna à l'Église du Koúy-tchéou un protecteur insigne dans les cieux.

CHAPITRE VIII

Sépulture de Joachim Hô. — Sa maison détruite par les païens, relevée, convertie en oratoire. — Joachim déclaré vénérable. — Ses dépouilles transportées au séminaire des Missions étrangères. — Guérisons obtenues par l'intercession de Joachim Hô.

Le corps de Joachim Hô demeura, selon l'usage, attaché à la potence jusqu'au soir. Alors il fut loisible à ses amis de l'enlever. On l'emporta sans pompe dans une famille chrétienne. Là on le revêtit de sept robes de soie, suivant la coutume chinoise; sa sépulture eut lieu sans solennité.

La mémoire de Joachim, déjà en bénédiction parmi ses concitoyens, fut dès lors en vénération. On se disputa pieusement les objets qui avaient servi à son usage, mais surtout les vêtements qu'il portait le jour de son glorieux supplice. M. Matthieu Lieou, alors au Su-tchuen, revendiqua la corde qui avait servi à l'exécution du martyr et le bâillon qu'il avait porté. Un modeste monument en forme de fer à cheval fut érigé sur la tombe de Joachim. Les vœux de ses concitoyens appellent ardemment le jour où le vicaire de Jésus-Christ inscrira le nom de cet athlète de la foi sur les diptyques sacrés de l'Église.

Sa mort fut si saintement héroïque, qu'il n'était venu à la pensée de personne de prier pour lui. Chacun ne songeait qu'à lui rappeler les titres qu'il croyait avoir à son souvenir devant Dieu : l'un avait été converti par lui, l'autre était son filleul; celui-ci était son ami, celui-là avait reçu de lui des services importants.

Le mandarin Foug-houy-tchou, qui avait dirigé le procès et prononcé la sentence contre Joachim, gouverna encore pendant quelque temps la ville de Koúy-yang. Il fut ensuite élevé en dignité et nommé gouverneur d'une ville de premier ordre dans la province du Houkouang.

Mais, en allant prendre possession de son nouveau poste, ce mandarin dut faire une partie du trajet en barque; c'est là que la justice de Dieu l'attendait. Un jour, la barque qui le portait, lui et toute sa famille, chavira, et tous périrent misérablement dans les flots.

Deux ans s'écoulèrent après la mort héroïque de Joachim Hô, sans que la chrétienté de Koúy-yang-fou pût recevoir la visite d'un prêtre. Comme plusieurs chrétiens avaient beaucoup souffert durant la persécution et perdu une partie notable de leurs biens, ils se décidèrent à transporter leur domicile ailleurs. Le calme revenu, ils commencèrent à se réunir les dimanches et les jours de fête et à prier en commun. La modeste maison de Joachim, léguée à l'Église, avait naturellement leur préférence. Chaque objet de cette demeure bénie rappelait un souvenir, et était pour eux une sorte de prédication muette. Il est vrai qu'il ne resta bientôt plus rien du mobilier de notre généreux confesseur. Une partie avait été pillée par les idolâtres; l'autre fut divisée entre les chrétiens comme de véritables reliques.

La maison de Joachim servit d'oratoire jusqu'au mois d'octobre 1848. Alors la persécution visita de nouveau les chrétiens de la capitale. A un signal des mandarins, une troupe de satellites démolit cette maison en quelques heures.

Les matériaux furent transportés dans une pagode, comme un trophée offert aux idoles, et le sol même fut bouleversé, puis purifié avec de l'eau bouillante ; on immola quelques coqs aux esprits, on brûla du papier-monnaie. Le démon semblait jaloux de reconquérir le seul endroit de la cité qui ne lui appartînt pas complètement. Ce lieu n'offrit plus aux regards qu'un amas de décombres. En passant sur la route voisine, les gentils s'arrêtaient souvent pour y jeter un regard qui semblait dire : Il n'y a plus de religion chrétienne.

Mais les voies de Dieu sont admirables. A l'occasion même de cette persécution, la province du Koúy-tchéou ayant été érigée en vicariat, Mgr Albrand, chargé de la nouvelle mission, se rendit en secret à la capitale. Caché dans la maison d'une famille chrétienne, il ne pouvait sortir pendant le jour ; mais le soir, à la faveur des ténèbres, il se rendait au tombeau du vénérable Joachim.

Là, pendant neuf jours, il l'invoqua à l'effet d'obtenir, par son intercession, de pouvoir recouvrer un emplacement que le martyr lui-même avait légué à l'Église. La confiance du prélat ne fut pas vaine. Quelques parents éloignés de Joachim Hô consentirent à faire des démarches pour rentrer en possession de ce qui lui avait appartenu; ces démarches furent couronnées de succès. Alors M⁮ʳ Albrand fit une collecte parmi les néophytes de la ville. Tous, mais surtout les plus pauvres, répondirent avec générosité à son appel, si bien qu'au bout de quelques mois un nouvel oratoire avait pris la place de l'ancien, sur un sol cimenté en quelque sorte par le sang du martyr.

Cet oratoire sera probablement le centre de la religion pour cette chrétienté, et lorsque la ville aura abandonné le culte des idoles, le souvenir qui s'attache à ce lieu le rendra cher à tous les habitants.

Les combats glorieux des martyrs de la Chine et des royaumes voisins ont eu du retentissement en Europe. Les fidèles ont tressailli de joie en voyant l'Église de Jésus-Christ féconde comme aux jours de sa jeunesse. Le souverain pontife Grégoire XVI, de sainte mémoire, a favorablement accueilli les vœux qui lui étaient présentés, et, dans le consistoire du 9 juillet 1843, sa voix auguste a décerné à Joachim Hô le titre de vénérable ou de serviteur de Dieu.

De leur côté, les missions de Chine ont appris avec une véritable joie la création de la *salle des Martyrs*, au séminaire des Missions étrangères, à Paris, siège et centre de la société de ce nom. Elles ont mis une émulation pieuse à se faire représenter dans cette salle, en y envoyant des objets qui avaient été à l'usage des martyrs, et souvent même les corps des confesseurs de la foi. La mission du Koúy-tchéou a désiré, elle aussi, avoir un de ces témoins dans ce sanctuaire, où, nous l'espérons, Dieu daignera manifester la gloire dont jouissent ses serviteurs, en exauçant les vœux de ceux qui viennent les y invoquer.

Le choix de la mission du Koúy-tchéou est tombé sur le vénérable Joachim Hô, parce que son martyre était récent, et que l'isolement de sa tombe permettait de l'ouvrir sans attirer l'attention des gentils.

Au mois de septembre 1852, Mgr Albrand, accompagné d'un missionaire et de plusieurs catéchistes et chrétiens de la ville, ouvrit donc le tombeau. Les ossements qu'il y trouva furent recueillis avec respect, et placés dans un coffret qui fut muni du sceau épiscopal. Quelques jours après, ces ossements étaient envoyés en France et déposés dans la salle des Martyrs.

Malgré cette translation, nos néophytes de Chine continuent à invoquer Joachim Hô, et les nombreuses grâces qu'ils ont reçues par son intercession les ont convaincus du crédit dont il jouit dans le ciel. Nous citerons quelques-uns des faits extraordinaires qui ont contribué à augmenter leur confiance.

I.

Les chrétiens envoyés sur le lieu du supplice, le soir même du jour où la sentence avait été exécutée, furent grandement surpris en apercevant autour du corps une foule de païens dans une attitude de respect. Quelle mystérieuse influence les retenait là, immobiles? La voici : une lumière douce comme la clarté de la lune environnait les restes mortels du confesseur. Plusieurs témoins oculaires nous ont certifié la vérité de ce prodige. Les courageux néophytes chargés d'enlever le corps expliquèrent aux gentils présents la cause pour laquelle Joachim était mort, et la puissance du vrai Dieu qui glorifiait déjà son martyr.

II

Un païen de Koúy-yang, qui avait connu particulièrement le vénérable Hô, s'était montré en toute occasion grand ennemi de la religion chrétienne. Pourtant il n'avait jamais eu à se plaindre personnellement des néophytes de la ville. Quand il apprit, quelque temps après la persécution de 1839, que les chrétiens allaient reprendre leurs exercices en commun, il sentit sa vieille haine se ranimer, et il forma le projet de les dénoncer aux mandarins. Il allait mettre ce projet à exécution, lorsque Joachim Hô lui apparut pendant la nuit. Le serviteur de Dieu était tel qu'il l'avait connu. « Garde-toi, dit-il au païen, garde-toi de mettre à exécution ce que tu médites, car les chrétiens sont innocents, et tu ne l'ignores pas. Agis plus sagement en te disposant à la mort, qui arrivera pour toi tel mois de l'année prochaine. » Cette apparition fit sur le païen une impression profonde. Il la raconta à ses amis et à plusieurs de nos néophytes ; dès lors il ne songea plus à nuire aux chrétiens, mais il ne se convertit pas, comme on aurait pu l'espérer. Sa mort arriva à l'époque prédite.

III

Une femme néophyte de Koúy-yang était atteinte d'une fièvre appelée en chinois *Hang-ky*. Cette fièvre faisait alors de grands ravages. Les jeunes enfants de la malade, qui se voyaient à la veille de devenir orphelins, étaient dans la désolation. Les remèdes n'avaient point ralenti les progrès rapides d'un mal qui d'ordinaire enlevait sa victime en trois jours. Mgr Albrand, appelé à visiter cette malade, la trouva dans un état désespéré. On s'empressa de lui administrer les derniers sacrements. Cependant, d'après la pieuse inspiration des assistants, la mourante se mit sous la protection de Joachim Hô et fit un vœu en son honneur. On eut, ce même jour, la pensée de placer sur sa tête le bonnet du martyr. Après quelques heures, l'état de la malade n'inspirait plus aucune inquiétude. Aujourd'hui cette femme est en pleine santé.

IV

Au mois de juillet 1853, nous fûmes appelé auprès d'un père de famille nommé Sié, atteint d'étisie depuis plusieurs mois; ses forces diminuaient de jour en jour; son estomac pouvait à peine supporter la plus légère nourriture; la science de plusieurs médecins chinois restait impuissante à le soulager. Enfin la faiblesse du malade devint si grande, qu'on s'attendait à le voir s'éteindre d'un moment à l'autre. Déjà même sa famille avait réglé les préparatifs des funérailles. Il avait reçu les derniers sacrements. La pensée nous vint d'exhorter le malade à se recommander au vénérable Joachim, qui avait été l'ami de sa famille; le malade y consentit volontiers. Le jour même il se trouva mieux, peu de temps après sa guérison fut complète.

Les documents de cette notice historique ont été recueillis de la bouche des témoins oculaires des faits rapportés. En témoignage de l'exactitude de sa narration, l'auteur y appose sa signature, ainsi que le sceau du vicariat apostolique, dont il est provisoirement le supérieur.

PAUL PERNY.

Koúy-yang-fou, capitale du Koúy-tchéou, ce 18 octobre 1853.

P. S. En employant l'épithète de saint et en appliquant au vénérable Joachim Hô le titre de martyr, nous avons exprimé en langage ordinaire l'opinion de sainteté et d'héroïsme dont il jouit. Nous n'avons pas voulu décider des questions sur lesquelles il appartient à l'Église seule de prononcer. Nous faisons cette déclaration en conformité aux décrets du pape Urbain VIII.

P. P.

de sa narration, l'auteur y suppose sa signature, ainsi que le sceau du vicariat apostolique, dont il est provisoirement le supérieur.

PAUL-PERNY.

Kouy-yang-fou, capitale du Kouy-tchéou, ce 18 octobre 1852.

P. S. En employant l'épithète de saint et en l'ajoutant au vénérable Laou-tsiu Hô le titre de martyr, nous avons exprimé en langage ordinaire l'opinion de sainteté et d'héroïsme dont il jouit. Nous n'avons pas voulu décider des questions dont le jugement appartient à l'Église seule prononcer. Nous faisons cette déclaration en conformité aux décrets du pape Urbain VIII.

P. P.

PIERRE OU

NÉ EN 1767, MARTYRISÉ LE 7 NOVEMBRE 1814, DÉCLARÉ VÉNÉRABLE PAR LE PAPE GRÉGOIRE XVI LE 9 JUILLET 1843 [1].

Né dans la petite bourgade de Long-pin-tchang de parents pauvres et idolâtres, mais jouissant de l'estime générale, le vénérable Oû-kouê-chen se distingua dès sa première jeunesse par son activité à seconder ses parents dans leur humble négoce, et par l'admirable délicatesse de conscience qui le dirigeait en toutes choses.

---

[1] Tous les documents de cette nature nous sont fournis par le livre *la Salle des Martyrs*, auquel nous empruntons textuellement les parties guillemetées. — Les auteurs de *la Salle des Martyrs* ont eux-mêmes extrait leur travail de la relation de M. Perny et d'une lettre de M. Escodéca, missionnaire au Su-tchuen.

La Providence, qui sait si bien se préparer les voies, bénit le travail et surtout la probité du jeune homme, si bien qu'à la tête de quelques épargnes, il put monter une hôtellerie dont la renommée s'étendit bientôt dans les pays environnants.

Cette nouvelle profession, cause de bruit, de dissipation, et trop souvent de complaisances coupables ou de frauduleux calculs, fut pour Oû le chemin du salut.

Dans le nombre des voyageurs attirés chez lui par la bonne renommée de sa maison, Oû en distingua un vers lequel il se sentit tout d'abord attiré par un charme inexplicable. C'était un homme de la province du Su-tchuen. « Simple, grave, parlant peu, mais avec beaucoup de sens et d'à-propos, cet étranger éprouva de son côté pour son hôte une vive sympathie. Il sentit que c'était là une âme d'élite, un de ces cœurs comme Dieu les choisit pour répandre son règne sur la terre. Donc, et sans hésiter, il s'ouvrit à lui sur la doctrine qu'il professait, et l'engagea vivement à l'étudier.

« Cette doctrine c'était le christianisme, dont Oû jusque-là n'avait entendu parler que pour le condamner et pour le maudire.

« Il écouta cependant l'exposé de notre foi, et

à mesure que les paroles frappaient son oreille, la lumière se faisait en son esprit. A l'issue de cette première rencontre (1794), non seulement Oû était chrétien de cœur, mais il entreprenait la conversion de sa femme et de son jeune fils.

« Bientôt, disent ses historiens, son zèle ne put se renfermer au sein de sa famille; son hôtellerie devint un lieu de réunion où il annonçait la bonne nouvelle, et presque chaque jour était marqué par une nouvelle conquête; en sorte que lorsque le prêtre chinois du Su-tchuen, Mathias Lô, passa par Long-pin-tchang, il y trouva un troupeau fervent et déjà si instruit, qu'il put lui faire subir avec honneur les examens du catéchuménat. Mais, entre tous, la piété et le zèle de Oû-kouê-chen lui parurent si édifiants, qu'il le nomma catéchiste, bien qu'il ne fût encore que catéchumène. L'année suivante, Oû-kouê-chen offrit au prêtre cinquante disciples préparés au baptême. Il fut baptisé avec eux, et il reçut le nom de Pierre. Un an plus tard, le total des néophytes baptisés s'élevait à cent vingt. En 1810, plusieurs chrétientés avaient été fondées dans les environs, et la station de Long-pin-tchang ne comptait pas moins de six cents adorateurs du vrai Dieu. A cette époque, la religion chrétienne entrait dans une ère de proscription générale. Partie de la capitale de l'empire, la persécution s'était successivement étendue dans toutes les provinces, et elle sévissait avec une fureur jusque-là inconnue dans la mission du Su-tchuen. Le Koûy-tchéou ne tarda pas à se voir enveloppé dans ses rigueurs. Les gens du prétoire de Tsen-ny-fou, dans le district duquel se trouve Long-pin-tchang, comprenant qu'ils ne viendraient jamais à bout des chrétiens s'ils ne les privaient de leur intrépide catéchiste, résolurent de se saisir de sa personne; et voici l'occasion dont ils profitèrent.

« Une famille chrétienne de Tsen-ny-fou, se fiant trop à la tranquillité hypocrite que le prétoire laissait aux chrétiens, donna une grande fête le 3 avril 1812, et y invita Pierre Oû. Celui-ci s'y rendit sans la moindre défiance. Mais, sur la fin du repas, une bande de satellites, entrant tout à coup, s'empara de sa personne. Le catéchiste aurait pu résister avec avantage, et peut-être échapper au piège qui lui avait été tendu; mais il ne voulut rien faire. Sans même paraître surpris, sans proférer une parole d'indignation, il se livra à ses ennemis, et sa joie fut extrême lorsqu'il se vit chargé de chaînes pour le nom de Jésus-Christ. Dans la prison, ses paroles et surtout ses exemples soutenaient les néophytes arrêtés peu après lui à Long-pin-tchang. Dès le premier jour de sa détention, ce généreux confesseur fit de son cachot un oratoire, où il ne cessa de prier à haute voix et de chanter les louanges de Dieu avec les autres néophytes. Le mandarin ordonna de cesser tous ces exercices. « Dites au grand mandarin, répondit le vénérable confesseur, que nous sommes pleins de respect pour son autorité, mais nous servons le souverain Maître du ciel : notre loi nous oblige de l'adorer partout et chaque jour. Nous ne pourrions en cela nous soumettre aux défenses du grand mandarin. » Et les pieux exercices continuèrent avec la plus édifiante régularité.

« A la vue de tant de ferveur, le mandarin chargé du procès ne put se défendre d'une secrète admiration pour le vénérable Pierre. D'ailleurs, chacun des fréquents interrogatoires qu'on lui faisait subir révélait de plus en plus sa piété, et ses réponses étaient empreintes de tant de respect et d'urbanité, que ses juges se prenaient à regretter qu'il fût engagé dans une religion nouvelle et prohibée par les lois. Ils allèrent même jusqu'à lui faire des promesses séduisantes et lui offrir des grades, s'il voulait y renoncer. Mais ses chaînes et sa cangue, qui étaient aux yeux des païens un sujet de scandale et de honte, étaient aux yeux du confesseur plus belles et plus précieuses que toutes les dignités dont on lui vantait les appâts. Dieu, en retour, remplissait l'âme de son serviteur des plus douces consolations, ainsi que l'atteste une lettre écrite à sa femme, et dont voici quelques extraits :

« A notre épouse et sœur très prudente,
« paix et joie parfaites.

« Une foule de sentiments divers pressent
« mon cœur en ce moment : la joie, la tristesse,
« l'espérance, le respect, l'affection... La per-
« sécution a surgi et sévit comme un tigre fu-
« rieux. Ma captivité paraît devoir être longue;
« ne dois-je pas m'en réjouir, puisqu'elle me
« fournira le moyen de satisfaire à la justice de
« Dieu pour mes péchés? Ne prête point l'oreille
« au dire de tout le monde, ces bruits ne peu-
« vent que contrister et troubler ainsi la paix
« de ton âme... Si nous avons le bonheur de
« faire des progrès dans les vertus d'humilité,
« de patience, de mortification, ce n'est pas en
« vain que nous avons été unis ici-bas. Si la
« volonté du Seigneur est que je demeure de

« longues années dans les fers, je regarde cela
« comme une vraie faveur. Il n'y a que les mé-
« rites du Sauveur qui puissent abréger ce
« temps. Que notre affection soit de plus en
« plus pure. Autrement nous ne pourrions tra-
« verser le jugement de Dieu, et là finirait notre
« union[1]. »

Telle était la réputation de Pierre Oû, telle était surtout l'influence dont il jouissait parmi les chrétiens, que les mandarins estimaient que gagner son apostasie serait un triomphe décisif, comme à la rigueur faire tomber sa tête donnerait un coup mortel à la petite église dont il était l'âme et le chef.

Ils relâchèrent donc tous les compagnons de captivité du vénérable serviteur de Dieu, et concentrèrent tous leurs efforts pour l'amener à fouler la croix et à signer un billet d'apostasie. « Aux obsessions dont on le fatiguait avec une persistance inouïe; à ce long séjour dans des prisons basses, humides et malsaines, où sont entassés une foule de malfaiteurs; à la rigueur enfin des supplices fréquents qu'il subissait, ce

---

[1] L'original de cette lettre est conservé à la salle des Martyrs.

généreux athlète de Jésus-Christ joignait de grandes privations corporelles. Dans le principe, les néophytes lui faisaient passer quelques aumônes, fruit d'une collecte faite entre eux ; mais, la persécution ne se ralentissant point, les secours n'avaient pu lui être continués. Aussi chacun des jours de sa captivité furent-ils des jours de privations telles, que, sans une grâce spéciale, un courage moins héroïque que le sien eût fini par succomber sous le poids de tant d'épreuves.

« Bien loin de s'abandonner aux sentiments qu'inspire la nature en détresse, le confesseur conservait un calme inaltérale. La prière était son arme invincible. Chaque jour il passait de longues heures à répandre son âme aux pieds de son Dieu, et, quoique seul chrétien dans son cachot, il continuait à prier à haute voix, selon l'usage du pays, et à chanter les louanges du Seigneur. Son unique délassement était de prêcher les vérités saintes de la religion aux autres prisonniers, que sa vie édifiante et son courage avaient subjugués. Son zèle fut souvent couronné de succès.

« Pierre Oû avait subi tant d'interrogatoires, avait manifesté si énergiquement ses sentiments chrétiens, qu'il ne pouvait concevoir d'où provenait l'indécision de ses juges sur la sentence qu'ils avaient à prononcer. Sa captivité durait depuis deux ans, quand le mandarin résolut de lui livrer un nouvel assaut et de mettre tout en œuvre pour le forcer à l'apostasie. Il le fit donc comparaître à son tribunal, le pressa, l'exhorta par tous les motifs humains qu'il put imaginer. Voyant ses exhortations impuissantes, il fit étaler sous les yeux du confesseur les instruments de supplice par lesquels il prétendait l'obliger, soit de plein gré, soit par la rigueur des tourments, à renoncer à la religion chrétienne. L'enceinte du prétoire était remplie de curieux, la plupart connaissances et amis du vénérable Oû. La foule des païens le suppliait de sauver sa vie; et les satellites, qui l'aimaient, se voyant sur le point d'être les exécuteurs d'ordres cruels à son égard, lui faisaient des instances plus vives, plus pressantes encore que les spectateurs.

« — Tu vois, lui dit le juge, combien ta conduite paraît insensée à chacun. Je t'offre la liberté, et tu la refuses! Que t'importe de fouler la croix? Au sortir d'ici, ne seras-tu pas de nouveau, si tu le veux, chrétien comme auparavant?

« — Grand mandarin, reprit le martyr, vous

avez dit vrai sans le savoir, le caractère de **chrétien** est immortel. Qu'il viole sa loi, qu'il méconnaisse son Dieu, son caractère de chrétien demeure à jamais. Mais sachez que l'âme d'un chrétien peut être comparée à une toile neuve et blanche comme la neige. Prenez cette toile, jetez-la dans un vase de teinture; pourrez-vous jamais, vous, grand mandarin, lui rendre sa première blancheur? Si j'étais assez malheureux pour obéir à vos ordres impies, ainsi en serait-il de mon âme; je ne laverais jamais la souillure dont elle serait maculée aux yeux du Dieu parfait que j'adore[1]... Ma vie est entre vos mains, disposez-en à votre gré; mais à tout jamais, sachez qu'il est inutile de tenter plus longtemps ma foi, et superflu d'espérer me faire renoncer à un culte auquel je tiens du fond de mes entrailles. »

« L'énergie de ce langage enleva au mandarin l'envie et le courage de soumettre le confesseur

---

[1] Cette comparaison éloquente et vraie a cependant besoin d'un correctif, en ce sens que l'absolution sacramentelle pouvant remettre tous les péchés, même le crime d'apostasie, la souillure dont parle l'héroïque martyr eût pu être effacée. Son raisonnement suppose donc une apostasie définitive, et résistant, par le fait de ce qu'on appelle l'impénitence finale, à la voix du repentir et de la grâce.

à de nouveaux supplices. En paraissant déplorer ce qu'il appelait l'entêtement superstitieux de son prisonnier, il quitta son tribunal et le fit conduire dans son cachot. Rentré dans sa prison, le premier soin du vénérable Oû fut de rendre grâce à Dieu de l'avoir soutenu dans une tentation si violente. Il pressentit dès ce moment que la sentence de ses juges serait ou l'exil perpétuel en Tartarie, ou la peine de mort; et ce lui fut un motif plus puissant encore de désirer recevoir une dernière fois, avant de mourir, le secours des sacrements. Il fit faire dans ce but de grandes recherches pour découvrir un prêtre dans les stations qu'il savait avoir été épargnées par la persécution. Mais Dieu, qui connaissait ses admirables dispositions, voulut s'en contenter, et ne permit pas qu'on trouvât le prêtre qui venait régulièrement, chaque année, visiter les chrétiens du Koúy-tchéou.

« Avant de lui être signifiée, la sentence devait recevoir l'approbation impériale. Durant les quelques mois qui s'écoulèrent depuis son dernier interrogatoire, il se livra, avec un redoublement de piété et de ferveur, à ses exercices quotidiens. Ses sentiments étaient si généreux, son humilité si profonde, son offrande de lui-même si entière, que Dieu lui fit goûter les plus grandes consolations intérieures. Bien plus, il eut à diverses reprises la révélation que la peine de mort avait été sollicitée contre lui et qu'elle recevait la ratification de l'empereur.

« Il mit donc peu à peu ordre aux affaires de sa maison. Enfin, ayant connu par une nouvelle grâce que l'heure de sa mort était prochaine, il annonça clairement à ses amis la fin de sa captivité et la peine qui allait terminer sa carrière. Il voulut même leur donner un petit repas, en signe de rejouissance et d'adieux.

« Dans cette entrevue, il ne fut question que de son martyre. Le bonheur du ciel qu'il espérait fut l'unique sujet de sa conversation, et sa joie était si vive, qu'il ne pouvait la contenir.

« Comme il l'avait prédit, la sentence arriva le lendemain de la ville impériale. Elle portait en substance qu'outre son attachement à une religion prohibée, il avait aussi, par des chants et des superstitions de sa secte, porté le trouble dans la prison. Le mandarin le fit comparaître le jour même devant son tribunal, pour lui donner lecture de l'arrêt qui le condamnait à mourir par strangulation, et lui signifier que l'exécution aurait lieu le jour suivant.

« Le vénérable Oû était préparé à cette nouvelle. Il la reçut avec de si grandes démonstrations de joie, que les païens en étaient stupéfaits. Le confesseur, s'apercevant de l'étonnement de la foule et surtout de celui du juge, prit la parole et dit : « Voilà deux ans et demi que je suis dans les fers, séparé de ceux qui me sont chers, soumis à bien des privations, pour n'avoir commis d'autre crime que celui de ne point renoncer au Dieu véritable, que j'ai eu le bonheur de connaître. La sentence qui vient de m'être lue a été souvent l'objet de mes vœux; la joie qu'elle me cause en ce moment ne doit donc plus vous surprendre. Oui, demain je monterai au séjour de l'éternelle félicité. Pour vous, homme illustre[1], qui avez persécuté ma religion, vous me suivrez bientôt dans l'autre vie; les supplices de l'enfer seront votre partage. La justice du Dieu vivant, que je sers, vous atteindra même dès cette vie. »

« Puis, se prosternant la face contre terre aux pieds de son juge pour le remercier : « A demain, ajouta-t-il, à demain le bonheur du ciel ! »

« La nouvelle de la condamnation de Pierre Où se répandit bien vite dans la ville, et il n'était question que de la scène qui venait d'émouvoir

---

[1] Titre qu'on donne aux mandarins en leur parlant.

le tribunal. Les nombreuses connaissances du vénérable Pierre manifestaient maintenant leur estime pour son caractère et ses vertus. Pour lui, de retour dans sa prison, il acheva de régler ses affaires. Sa joie de mourir pour Dieu était si vive, qu'il ne put prendre un instant de repos pendant la nuit. Il la passa tout entière prosterné aux pieds du Seigneur, répandant son âme en actions de grâces, à la pensée de la palme du martyre qu'il allait cueillir bientôt.

« Cette nuit fut aussi courte que délicieuse à son cœur; elle fut pour lui comme un avant-goût des jouissances célestes, et le lendemain matin il se plaisait à raconter avec effusion les consolations ineffables dont Dieu avait inondé son âme. Il paraissait alors n'être plus le même homme; sa figure était rayonnante, et il n'attendait plus que le moment de sortir de la prison. Quand le signal eut été donné, il renouvela à tous ceux qui l'environnaient l'expression de ses sentiments de bonheur et se mit en marche.

« Le cortège devait traverser la plus grande partie de la ville. La foule était immense sur tous les lieux du passage, et ce n'était qu'avec beaucoup de peine qu'on pouvait avancer. Les amis de Pierre Oû avaient, selon la coutume chinoise, dressé sur le chemin de petites tables couvertes de mets. Chacun d'eux voulait lui parler encore une fois, recevoir de lui une parole d'amitié, et lui faire agréer quelques rafraîchissements.

« A la vue de cette affluence inaccoutumée, de ces démonstrations affectueuses, le mandarin qui présidait à l'exécution manifesta sa surprise et voulut connaître le motif de tant d'empressement. On lui répondit que Pierre Oû était universellement aimé, qu'il avait rendu des services à la plupart de ses compatriotes, et que chacun d'eux cherchait à lui témoigner une dernière fois sa reconnaissance. Pour ne point mécontenter la foule, le mandarin consentit à ralentir la marche du cortège.

« Au milieu de ces marques de sympathie, le vénérable Pierre Oû conservait le calme de son âme, et paraissait heureux comme s'il fût allé à un festin de noces. Arrivé au lieu du supplice, pendant qu'on achevait les préparatifs, il renouvela publiquement ses sentiments d'adoration, de foi, d'amour pour le Dieu auquel il offrait généreusement sa vie. Au même instant, un transport soudain de joie s'empara de son cœur. Les yeux remplis de larmes et levés vers le ciel, il s'écria :

« Voilà le ciel ! voilà ma patrie ! je vois sa gloire ! Oui, je vous vois véritablement, ô mon Sauveur ! Ne l'apercevez-vous pas ce Dieu que je sers ? Quoi ! vous ne le voyez pas ! Encore une minute, et je contemplerai toute la splendeur du ciel. Hâtez-vous, dit-il aux bourreaux, hâtez-vous de me procurer ce bonheur ! Serrez fortement les nœuds de la corde, pour que j'expire à l'instant même. Il ne me reste que deux taëls[1] sur moi, acceptez-les en reconnaissance du bonheur dont vous allez me hâter la jouissance. »

« La joie transportait visiblement le martyr. Il aida lui-même aux derniers apprêts. La sentence portait qu'au troisième effort de la corde, il devait avoir rendu le dernier soupir. Mais les bourreaux, dès que le bruit de la cymbale eut retenti, serrèrent si fortement le nœud, qu'à la première secousse la tête de Pierre Oû s'inclina, et les anges recueillirent son âme au milieu des tressaillements d'allégresse de la glorieuse troupe des martyrs. C'était le septième jour de novembre de l'année 1814.

« Les amis du vénérable Oû, au bourg de Long-pin-tchang, n'ayant pas été informés assez

[1] Environ 15 francs.

tôt pour être témoins de ses derniers moments, n'arrivèrent à la ville que le lendemain pour recueillir ses dépouilles mortelles. Vers le soir de ce même jour, ils emportèrent ces restes précieux et leur firent des funérailles honorables, mais sans cette solennité que le zélé catéchiste aimait tant à donner à la sépulture des néophytes de sa station.

« Pour résumer la vie de ce généreux martyr et peindre les impressions de la foule accourue au spectacle de sa mort, on aurait pu graver sur sa tombe ce mot échappé à l'admiration du mandarin qui présidait l'exécution :

Oui, Pierre Oû est véritablement un saint personnage.

tôt pour être témoins de ses derniers moments, n'arrivèrent à la ville que le lendemain; pour recueillir ses dépouilles mortelles. Vers le soir de ce même jour, ils emportèrent ces restes sacrés et leur firent des funérailles honorables, mais sans cette solennité que le zèle catéchiste aimait tant à donner à la sépulture des néophytes de sa station.

« Pour résumer la vie de ce vénéreux martyr et peindre les impressions de la foule accourue à spectacle de sa mort, on aurait pu graver sur sa tombe ce que Philippe a à l'admiration du missionnaire qui présidait l'exécution :

Oui, Pierre Ou est véritablement un saint personnage.

PIERRE LIÉOU

MARTYRISÉ LE 17 MAI 1834, DÉCLARÉ VÉNÉRABLE PAR LE PAPE GRÉGOIRE XVI, LE 9 JUILLET 1843

Disciple peut-être de Pierre Oû, et, dans tous les cas, de la même province, et ayant à la même occasion que lui souffert en témoignage de sa foi, Pierre Liéou, jardinier de son état, victime glorieuse à la persécution de 1814, avait été jugé et exilé à perpétuité en Tartarie.

Il y était depuis treize ans souffrant généreusement et avec joie pour l'amour de Jésus-Christ, lorsque éclata une révolte dans la province où il était interné. L'occasion était favorable pour le vénérable serviteur de Dieu de se venger de l'injustice dont il avait été victime, ou tout au moins de tenter de recouvrer sa liberté. Mais l'esprit de révolte ne saurait entrer dans l'âme d'un chrétien ; sa conscience lui répète sans cesse cette grande leçon du divin Maître : « Rendez à Dieu ce qui est à Dieu, *et à César ce qui est à César,* » et en dehors de son obéissance aux lois divines, qui pour lui sont au-dessus de tout pouvoir humain, il se montre en toute occasion fidèle à son souverain, dévoué aux intérêts de son pays. Pierre Liéou, non plus que les quelques chrétiens qui étaient ses compagnons de souffrances, ne faillirent à leur devoir : ils demandèrent des armes et combattirent les rebelles au premier rang des troupes chinoises.

Malgré son parti pris d'injuste partialité à l'endroit des chrétiens, le gouvernement chinois n'osa laisser sans récompense un aussi beau trait de courage et de patriotisme. La route de leurs foyers fut ouverte aux exilés.

Pierre Liéou ne devait pas goûter longtemps en paix ces joies de la famille dont il avait été si longtemps privé. La persécution contre les chrétiens, qui s'était un instant assoupie, reprenait chaque jour une intensité nouvelle ; la cupidité des mandarins, leur ambition de conquérir en témoignant de leur zèle des grades et des honneurs, jetaient dans des alarmes perpétuelles les chrétiens de Koúy-tchéou. C'étaient chaque jour quelques exactions nouvelles, quelques arrestations douloureuses.

Pierre Liéou, désigné à la rage des persécuteurs par le glorieux témoignage qu'il avait déjà rendu à la foi de Jésus-Christ, et plus encore peut-être par l'éclat de ses vertus et la ferveur de sa piété, Pierre Liéou ne pouvait échapper longtemps à la tourmente suscitée contre l'Église, dont il était l'honneur et le modèle.

Sa maison, située dans la capitale de la province, fut envahie, le 11 mars 1834, par une compagnie de soldats du prétoire qui s'emparèrent de ses deux fils et de leurs épouses, tous les quatre chrétiens fidèles comme lui.

Cependant tel était le respect que les vertus, l'âge, le souvenir de la persécution généreusement subie, et l'éclat des services vaillamment rendus, imposaient aux satellites, qu'ils n'osèrent s'emparer du saint vieillard.

Mais Pierre Liéou n'entendait pas être, seul de sa famille, privé de l'honneur de confesser dans cette nouvelle persécution le nom de Jésus-Christ. Robuste encore, malgré ses soixante-seize ans, et surtout énergique et dévoué à la religion, il se rend au prétoire. Le mandarin, qui, satisfait de le frapper en ses enfants, n'ose s'attaquer directement à lui, de crainte sans doute de provoquer des murmures, même parmi les païens, refuse de l'entendre. Mais l'héroïque vieillard ne se décourage pas : il met autant de persévérance à solliciter les fers, les tortures et la mort, que les hommes les plus ambitieux en mettent à poursuivre les honneurs et la fortune. Il revient à trois reprises au prétoire; il en assiège en quelque sorte l'entrée; le mandarin est forcé de l'entendre.

« Si professer la religion chrétienne est un crime, je suis, lui dit-il, coupable au même titre que mes fils. Comme eux, plus même qu'eux, je dois être puni; car c'est moi qui les ai faits chrétiens, c'est moi qui les ai instruits dans la religion. Je suis donc le premier coupable, et c'est sur moi que doivent tomber les premiers coups de la punition. Si je suis innocent, alors mes enfants et leurs épouses le sont aussi, et vous devez leur rendre la liberté. »

Pour toute réponse, le mandarin le fit expulser du prétoire. Une seconde démarche semblable eut le même résultat; mais à la troisième fois, le mandarin, indigné de cette sainte audace, fit saisir le vénérable vieillard et ordonna « de lui graver sur la figure, avec des aiguilles, des caractères qui signifiaient que c'était là un imposteur. »

Ce signe, ainsi imprimé à la face, équivalait, d'après les usages judiciaires de la Chine, à une sentence de mort; c'en était du moins le prélude certain.

Pierre Liéou ne s'y trompa point, et dès ce moment il se prépara à verser son sang pour la foi. Les chrétiens de la ville ne se firent pas non plus illusion, et leur affluence près du saint prisonnier témoigna hautement de la vénération dont il jouissait.

La sentence de mort par strangulation fut, en effet, rendue presque immédiatement; la nécessité de la faire sanctionner par le pouvoir souverain prolongea de quelques jours la captivité du vénérable serviteur de Dieu. Ce ne fut que le 17 mai, veille de la Pentecôte, qu'eut lieu l'exécution.

« Lorsqu'on fut arrivé au lieu du supplice, le martyr dit aux bourreaux :

« — Attendez, s'il vous plaît, quelques instants, afin que je prie. »

« Puis, s'étant muni du signe de la croix et ayant recommandé son âme à Dieu, il ajouta avec le plus grand calme : « Maintenant l'heure
« est venue, faites promptement ce qu'on vous

« a dit de faire. » Au même instant les bourreaux serrèrent le nœud de la corde, et, au premier effort, le martyr entra en possession de la couronne, récompense de son courage. Son corps, exposé pendant un jour et demi, fut trouvé après ce temps aussi flexible que s'il eût été encore en vie. Le mandarin auquel on rapporta ce fait voulut s'assurer lui-même du prodige, et, après l'avoir vu, il ne pouvait revenir de son étonnement et répétait : « Il est bien vrai, cet « homme est comme s'il n'était pas mort ; oui, « vraiment, c'est en cet homme une chose très « admirable. »

« Quant au bourreau, il allait plus loin, et disait : « Vraiment, cette religion chrétienne est « une bonne religion. »

« Le fils aîné du martyr mourut quelques jours après dans la prison où il avait été enfermé, et le second prit joyeusement, avec sa femme et sa belle-sœur, le chemin de l'exil.

« Heureuse famille, que Dieu s'était réservée tout entière. »

JÉROME LOU, LAURENT OUANG

ET AGATHE LIN

MARTYRISÉS LE 28 JANVIER 1858

I

JÉROME LOU

Né vers 1811, au village de Mâo-kéou, Loû-ting-méi descendait d'une des tribus aborigènes, celle des Tchong-kia-tsé. Sa famille occupait dans le pays le rang honorable qui en Chine appartient aux *lettrés*, et son père dirigeait une école très florissante. Après une enfance et une jeunesse studieuses, après avoir subi les épreuves et reçu les diplômes exigés par les règlements chinois, Loû prit lui même la direction de l'école paternelle, et se livra pendant vingt années au rude labeur de l'enseignement.

Sa droiture, sa probité et sa science, en lui attirant une grande considération, l'avaient rendu, disent ses historiens, comme le juge de tous les différends qui s'élevaient dans son village et aux environs.

Déjà et avant de connaître la parole du grand Apôtre, il se faisait tout à tous, préludant ainsi à l'amour du prochain, au zèle pour ses intérêts matériels aussi bien que spirituels, qui, aux premières lueurs de l'Évangile, allaient enflammer son âme et faire le caractère distinctif de sa piété.

Nouvel Augustin, il recherchait avec ardeur la vérité, et le goût de l'étude était porté chez lui jusqu'à la passion. Cette vérité dont son cœur, plus encore que son esprit, avait soif, il la demandait à tout ce qui l'entourait.

Un moment il crut l'avoir trouvée dans les dogmes mystérieux d'une de ces sociétés secrètes plus nombreuses encore, hélas! en Orient que dans notre pauvre Europe. Il n'hésita point à s'y faire initier. L'ardeur et l'intelligence qu'il déploya dans l'étude des dogmes et des principes de cette secte, lui valurent la faveur d'être admis presque immédiatement à la connaissance des secrets et des mystères cachés aux simples adeptes. On lui permit même de copier les livres sacrés, permission qui n'est accordée d'ordinaire qu'aux chefs du rang le plus élevé... Une sorte de fascination s'était emparée de toutes les facultés de l'ardent néophyte : il croyait avoir enfin trouvé la vérité.

Sur ces entrefaites, un livre traitant de la doctrine chrétienne tomba entre ses mains. En le lisant ses yeux se désillèrent.

Il sentait que cette vérité tant désirée et si longtemps cherchée était là, et, brisant courageusement les habitudes de toute sa vie, il renonça aux idoles, aux superstitions chinoises; il rompit avec la secte dont il était déjà un membre si influent. Il fit plus : il ne se contenta pas d'étudier avec ardeur la vraie religion; mais il crut devoir déployer non moins de zèle pour la propager qu'il n'en avait mis à répandre la fausse doctrine qui l'avait séduit d'abord.

Ses parents, ses amis et surtout ceux qu'il avait induits en erreur apprirent de sa bouche les vérités du christianisme, et, par ses soins, de nombreuses conversions furent préparées.

Il renonça à l'enseignement des livres païens, pour se livrer entièrement à l'étude des livres chrétiens, et à la propagation de notre sainte foi. Tant de zèle lui mérita d'être baptisé quelques mois après sa conversion, en compagnie de sa famille et des autres païens qu'il avait convertis. Il reçut le nom de Jérôme; dès lors ce fut un homme nouveau et tout entier au salut des âmes.

Tantôt il accompagnait le missionnaire dans ses visites, tantôt il le devançait dans les localités nouvellement ouvertes, pour préparer les nouveaux convertis et prêcher les païens. Il rendit ainsi de grands services à la mission de ce pays, où beaucoup d'habitants, les femmes surtout, ne comprenaient pas le chinois, ce qui eût arrêté les succès du missionnaire chargé de cette nouvelle chrétienté. Mais Dieu ne voulait pas que Jérôme travaillât seulement au salut de sa patrie; il l'appela bientôt à exercer son zèle sur un autre théâtre.

Vers 1830, plusieurs familles de la tribu de Tchong-kia-tsé avaient émigré dans le Kouang-si. En 1853, quelques-uns de ces colons vinrent au Koúy-tchéou vendre leur coton, et, avant de partir, ils voulurent rendre visite à leurs parents. Ceux-ci habitaient aux environs de Maôkéou, et parmi eux il se trouvait une ou deux familles récemment converties à la foi, qui s'empressèrent de faire part aux nouveaux venus de la croyance qu'elles avaient embrassée. Elles les adressèrent ensuite à Jérôme. De douze qu'ils étaient, il en convertit huit qui s'en allèrent implanter la foi dans leur pays. Elle n'y fut pas stérile, et les conversions augmentèrent l'année suivante : aussi quand les néophytes du Kouang-si eurent appris l'arrivée au Koúy-tchéou de M. Chapdelaine, destiné à cette mission naissante, ils s'empressèrent de solliciter sa venue, et en même temps ils demandèrent qu'on leur envoyât Jérôme. Le missionnaire, de son côté, désirait l'avoir pour catéchiste. Jérôme partit donc, et se mit à préparer les néophytes au catéchuménat et à prêcher les païens. Mais quand M. Chapdelaine fut arrivé, la rage du démon se déchaîna, et Jérôme eut à confesser sa foi.

Pris avec le missionnaire et conduit à Si-linghien, il comparut au prétoire et fut interrogé le premier. Le mandarin lui adressa plusieurs questions d'un ton de voix fort élevé et d'un air menaçant; mais le catéchiste, toujours calme, lui répondit avec autant d'assurance que de franchise. Ce que voyant, le magistrat descend de son tribunal, et, s'approchant de lui pour le considérer de plus près, il lui dit :

« Vous êtes probablement mahométan, vous ne mangez pas de viande de porc?

— Je ne suis pas mahométan, répond Jérôme, je suis chrétien, et les chrétiens mangent, non seulement la viande de porc, mais encore toute nourriture qui est sur la terre, Dieu ayant tout créé pour l'usage de l'homme.

— Pourquoi êtes-vous allé dans les villages prêcher la doctrine au pauvre peuple, qui n'a pas le temps de vous entendre et qui manque d'intelligence pour comprendre les vérités sublimes? Pourquoi n'êtes-vous pas venu plutôt à la ville, où les gens sont plus libres de vous écouter et plus capables d'apprécier votre enseignement?

— Je suis allé en premier lieu dans les villages, parce que c'est là qu'habitent mes parents; je suis venu ensuite à la ville, où pendant un mois j'ai prêché à ceux qui voulaient m'entendre.

— Combien comptez-vous de familles chrétiennes dans la campagne?

— Quarante-cinq à cinquante. »

L'interrogatoire finit là, et, à la fin de la séance, Jérôme Loû fut chargé de la chaîne et

Là-dessus, on le jeta dans un cachot horrible, avec la chaîne au cou et les ceps aux pieds, et il souffrit tous ces tourments avec une patience héroïque pendant six mois, jusqu'à l'arrivée d'un nouveau mandarin, qui, plus humain et plus équitable que ses prédécesseurs, lui rendit la liberté. Mais il ne devait pas en jouir longtemps, comme le fera voir le récit de son martyre [1].

[1] Extrait, par l'auteur de la *Salle des Martyrs*, des relations de Mgr Taurel, vicaire apostolique du Koúy-tchéou, et de MM. Lyon et Muller, missionnaires apostoliques au Koúy-tchéou.

II

AGATHE LIN

NÉE VERS 1817

Plus heureuse que Jérôme Loû, Agathe Lîn naquit chrétienne et servit dès sa première enfance le Dieu pour lequel elle devait donner son sang.

« Sa jeunesse se passa dans l'apprentissage de toutes les vertus sous la direction d'un père et d'une mère qui étaient comptés au nombre des plus fervents chrétiens, de telle sorte que la suite de sa vie ne fut que la mise en pratique des leçons et des exemples qu'elle avait reçus dans sa famille. »

A l'âge de dix-huit à vingt ans elle résolut de se vouer plus particulièrement au service de

Dieu et au bien des âmes : elle quitta sa famille, qui la céda avec joie au Seigneur, et alla se placer sous la conduite d'une maîtresse chrétienne qui enseignait les lettres chinoises sur un des points opposés de la province.

Servie par une rare intelligence et par une assiduité que rien ne fatiguait, que rien ne décourageait, Agathe fit des progrès rapides. Les supérieurs de la mission, après avoir béni le vœu de virginité et d'obéissance qu'elle fit entre leurs mains, songèrent à l'utiliser pour l'instruction des jeunes filles indigènes.

Agathe se dévoua sans réserve à ce ministère pénible et difficile. Elle parcourut successivement comme maîtresse d'école toutes les chrétientés qui lui furent désignées, faisant briller partout l'éclat de ses vertus, et laissant pour traces de son passage les plus heureux fruits de bénédiction.

C'est au cours de ce précieux apostolat qu'elle rencontra la gloire du martyre.

III

LAURENT OUANG

Comme Agathe Lîn, Laurent Ouâng était né et avait été élevé dans la foi chrétienne : il appartenait à une famille de saints confesseurs. Son père et sa mère étaient morts dans l'exil, où les avait conduits leur titre de chrétien : Laurent n'avait alors que trois ans. Confié aux soins d'une pieuse tante, il n'eut, dès qu'il put sentir et comprendre, d'autre ambition que celle de marcher sur les traces de ses saints parents, afin d'obtenir comme eux la faveur de témoigner dans les fers, et jusque dans la mort, de sa fidélité à Jésus-Christ.

Stimulé par cette généreuse ardeur, il fit des progrès rapides dans la piété, et « devint un des aides les plus précieux pour les missionnaires et un des instruments les plus utiles dont Dieu daigna se servir pour la conversion des pécheurs. »

L'heure de la récompense ne devait pas se faire attendre au zélé catéchiste. En l'année 1858, Laurent, en rentrant à la capitale de la province pour y célébrer le nouvel an chinois, lequel donne lieu à de grandes réjouissances et de nombreuses réunions de famille, trouva les chemins coupés par un fort parti de rebelles. Obligé de revenir sur ses pas, il s'arrêta à Mâokéou.

Au même moment (27 janvier), la ville était mise en émoi par l'arrivée d'un mandarin chargé, disait-on, d'une mission mystérieuse. Il s'agissait, assurait-on, d'un complot contre l'État, et ordre formel avait été donné au magistrat d'agir avec promptitude et rigueur.

Voici ce qui s'était passé. Quelques païens, jaloux ou inquiets du progrès de la religion chrétienne, avaient porté plainte contre les disciples de Jésus-Christ et dénoncé en particulier Jérôme Loû, Laurent Ouâng et Agathe Lîn.

Or, ce qui ajoute à l'odieux de cette dénonciation, c'est que parmi les délateurs, ou plutôt à leur tête, se trouvait un oncle de Jérôme Loû ; autrefois très attaché à son neveu, dont il était fier, cet homme n'avait pu lui pardonner ce qu'il appelait sa défection honteuse.

Laurent Ouâng avait été conduit dans la ville juste à point pour y recueillir la palme du martyre.

IV

LE MARTYRE

28 janvier 1858

Laissons ici parler les actes des trois saints confesseurs, tels que les rapporte la notice qui leur est consacrée dans *la Salle des Martyrs*.

« Le mandarin de Lan-tay, étant arrivé le 27 janvier, après le coucher du soleil, fit aussitôt dresser son tribunal, et lança ses satellites à la recherche des chrétiens dénoncés. Pendant ce temps, les gardes nationaux du village, ayant appris l'arrivée de leur préfet, se rendirent en habits de cérémonie pour le saluer. L'oncle de Jérôme Loû marchait à leur tête et prit place à côté du juge. Les chrétiens avaient déjà appris, par la rumeur publique, l'arrivée du mandarin et le but de son voyage. Toutefois, ne se sentant coupables d'aucun crime, ils ne cherchèrent point à se cacher, mais se réunirent, selon leur coutume, pour réciter les prières du soir. C'est à ce moment que les satellites entrèrent pour sommer Jérôme Loû et Laurent Ouâng de les suivre au tribunal. Jérôme prit alors avec lui un volume ou deux de controverse, ainsi qu'un exemplaire du traité conclu entre la France et la Chine, et, sans qu'on eût besoin de les garrotter, les deux catéchistes précédèrent les satellites au tribunal du préfet.

« Lorsqu'ils y furent arrivés, on les fit mettre à genoux pour répondre, et le juge, interpellant Jérôme Loû le premier, lui dit :

« — Comment t'appelles-tu ?

« — Mon nom est Loû-ting-méi.

« — Es-tu chrétien ?

« — Grand mandarin, je suis chrétien.

« — Cette religion est mauvaise, elle ensorcelle et aveugle les cœurs ; il ne faut point la pratiquer. A quoi sert cette religion du maître du ciel, si ce n'est à tromper les hommes ? N'avons-nous pas assez de religions ? Les cultivateurs, les marchands et les mandarins : voilà les trois grandes religions qui suffisent à la société. Allons, toi qui es éclairé et qui comprends les choses, il faut que tu renonces à cette religion si tu veux être honnête homme et bon citoyen.

« — Grand mandarin, la religion du maître du ciel est bonne et la seule vraie; elle n'a rien de mauvais, de magique. Elle nous enseigne à connaître le créateur de toutes choses, notre origine, nos devoirs pendant la vie, et notre destinée après la mort. C'est là la religion naturelle et vraie des lettrés, et l'empereur Taokoang l'a permise la vingt-cinquième année de son règne : voilà l'édit (il lui présenta la petite brochure qui contenait cet édit), et voici les livres des chrétiens, et j'invite le grand mandarin à les examiner. »

« Alors les chefs de la garde nationale dirent : « Grand mandarin, on ne peut lire ces livres ; ils fascinent, et tous ceux qui les lisent sont forcés de se faire chrétiens. »

« Le mandarin, effrayé, n'osa pas toucher aux livres, et continua en s'adressant à Jérôme : « Je te plains, Loû-ting-méi. Comment un homme aussi éclairé, aussi lettré que toi, peut-il être aveuglé au point d'embrasser cette secte superstitieuse ? Crois-moi, renonces-y et fais comme nous.

« — Pourquoi renoncerais-je à la véritable

religion, qui n'enseigne rien de mauvais? Elle nous commande d'adorer le maître du ciel, d'honorer nos parents, de faire le bien et de fuir le mal. Ceux qui la pratiquent ne volent point, ne jouent point, mais sont chastes, ne nuisent à personne, observent les lois de l'empire, obéissent aux autorités, payent les tributs, en un mot, sont de bons citoyens : pourquoi donc ne serait-il pas permis d'observer une telle religion?

« — Dis-moi, qui est ton maître? Qui t'a enseigné cette religion?

« — Je n'ai point eu de maître; mais j'ai acheté de moi-même des livres des chrétiens, j'en ai examiné la doctrine, et, l'ayant trouvée conforme à la raison, j'ai cru et je pratique. »

« Le préfet, voyant qu'il ne gagnait rien, passa à Laurent Ouâng et lui dit : « Comment t'appelles-tu?

« — Mon nom est Ouâng-pin.

« — Tu es chrétien, toi aussi?

« — Oui, grand mandarin, je suis chrétien.

« — D'où es-tu?

« — De la capitale.

« — Que fais-tu ici?

« — Je fais l'école.

« — Combien as-tu d'élèves?

« — Cinq seulement.

« — Est-ce qu'il n'y a pas de maître ici ? Pourquoi venir si loin pour enseigner ?

« — J'y suis venu parce qu'on m'a invité.

« — Nous allons arriver au nouvel an : pourquoi ne retournes-tu pas le passer dans ta famille ?

« — J'étais parti il y a douze jours pour retourner chez moi; mais n'ayant pas trouvé les routes libres, je suis revenu sur mes pas.

« — Demain je te ferai conduire par des satellites jusqu'à la capitale.

« — Volontiers, j'en serai reconnaissant, ô grand mandarin. »

« Là finit l'interrogatoire, et les deux confesseurs furent envoyés libres dans leurs maisons. Cependant, en levant la séance, le mandarin dit encore à Jérôme Loû : « Loû-ting-méi, j'ai pitié de toi ; penses-y bien. Mon cœur est ému en voyant tuer seulement une poule : comprends-tu ?

« — Je comprends, grand mandarin, répondit Jérôme : s'il faut mourir, je mourrai; mais renoncer à ma religion, jamais ! »

« Les deux confesseurs s'en retournèrent donc chez eux libres, et sans avoir éprouvé aucun mauvais traitement.

« Mais tandis qu'ils prenaient leurs repas au sein de leurs familles, les ennemis du nom chrétien, poussés surtout par l'oncle de Jérôme Loû, tinrent un conseil en secret pour assurer le succès de leur entreprise, qui ne tendait à rien moins qu'à la destruction entière du christianisme à Mâo-kéou. Ils demandaient à hauts cris qu'on s'attaquât aux chefs de la religion, et qu'on les fît disparaître au plus tôt. Le mandarin semblait indécis et n'osait prendre sur lui de les punir du dernier supplice.

« L'oncle de Jérôme, exaspéré par sa haine pour la religion de son neveu, voulait à tout prix des victimes ; il les désigna donc au préfet, et, pour le décider, il n'hésita pas à prendre sur sa tête la responsabilité de cette affaire.

« Dès lors le crime fut résolu, et on prépara sur-le-champ tous les instruments du supplice. Le lieu de l'exécution fut désigné, et on trouva trois bandits du village qui, moyennant un salaire, consentirent à faire l'office de bourreau.

« Le lendemain, dès le matin, les satellites se présentèrent de nouveau chez Jérôme Loû et Laurent Ouâng, et, les ayant conduits au prétoire, les chargèrent de chaînes.

« Bientôt arriva, de son côté, entre deux soldats la vierge Agathe Lîn, qui avait fait trop de bien à Mâo-kéou pour que les persécuteurs et le bon Dieu l'oubliassent.

« Dès que le mandarin la vit, il la fit mettre à genoux et commença l'interrogatoire. « Comment t'appelles-tu ?

« — Lîn est le nom de votre servante.

« — D'où es-tu ?

« — De Vgan-van-hien.

« — Qu'es-tu venue faire ici, si loin de ta famille ?

« — On m'a invitée à venir enseigner les personnes du sexe.

« — Il n'y a donc personne ici pour enseigner ? Es-tu plus savante que moi ? Dis-moi, qu'est-ce que tu enseignes ?

« — J'enseigne à coudre, à lire et à prier.

« — Quels livres enseignes-tu ?

« — Les livres chrétiens.

« — Oui, oui, tu viens corrompre les honnêtes gens de ces parages par des doctrines perverses. Où est ton mari ?

« — Je n'ai point de mari, je garde la virginité.

« — Voyez-vous, voyez-vous, n'est-ce pas là une religion perverse, qui tend à la destruction de la race humaine ?

« — Si garder la virginité est une chose mauvaise, pourquoi élève-t-on des monuments aux vierges et aux veuves fidèles ?

« — Tu es une imbécile, une insensée : tu es digne de mort. Aurais-je donc tort de te condamner à mourir ? »

« Comme Agathe ne répondait rien, le mandarin adressa cette même question à Jérôme et à Laurent, et ceux-ci répondirent :

« — Nous ne sommes pas coupables. »

« Alors le mandarin ajouta :

« — Savez-vous que vous allez mourir ? »

« Et tous répondirent :

« — Nous le savons. »

« A l'instant, sur un signe du mandarin, les bourreaux se précipitent sur les trois victimes, arrachent à Agathe son voile et ses pendants d'oreilles, et, dénouant sa longue chevelure, ils s'en servent pour lui attacher les mains derrière le dos : Jérôme et Laurent ayant été aussi liés de la même manière, on les entraîne précipitamment jusque sur les bords du fleuve. Agathe, ne pouvant marcher aussi vite que ses bourreaux, fût traînée tout le long du chemin.

« Le juge avait voulu, selon l'usage, suivre les condamnés jusqu'au lieu du supplice ; mais il n'avait pas encore fait la moitié du chemin, que les trois martyrs avaient consommé leur sacrifice. La tête de Jérôme Loû tomba au premier coup de sabre, celle de Laurent au second, et il n'en fallut pas moins de huit ou neuf pour abattre celle de la vierge Agathe Lîn.

« Par ordre du mandarin, ces trois chefs précieux furent suspendus à des arbres aux trois coins du village. Les corps, étendus sur les bords du fleuve, furent entièrement dépouillés, et peu s'en fallut qu'on ne les jetât dans les eaux. Les parents de Jérôme ensevelirent honorablement ses restes dans un tombeau près de celui de sa famille. Les deux autres furent inhumés par quelques chrétiens, l'un à côté de l'autre, sous un petit tertre entouré de pierres. Quelque temps après, M. Mihière, provicaire de la mission, parvint à faire enlever les trois têtes des martyrs, toujours suspendues aux arbres du village. On les cacha soigneusement dans une grotte de la montagne, d'où elles furent tirées, le 31 décembre 1859, pour être réunies aux corps des trois martyrs. M. Muller, missionnaire du Koúy-tchéou, transporta ces précieuses reliques à la capitale, où elles reposent dans trois cercueils séparés, déposés dans le caveau de M⁹ʳ Albrand, ancien vicaire apostolique de la mission. »

Parmi les reliques précieusement conservées

dans la salle des Martyrs, figurent, ainsi que nous l'avons déjà dit, trois ossements de Jérôme Loû, deux ossements et une mèche de cheveux de Laurent Ouâng, et trois ossements, trois dents et une mèche de cheveux d'Agathe Lîn.

JEAN-PIERRE NÉEL, JEAN TCHÊN

MARTIN OU, JEAN TCHANG ET LUCIE Y

MARTYRISÉS LES 17 ET 19 FÉVRIER 1862

I

COUP D'ŒIL RÉTROSPECTIF

Avant d'aborder ce nouveau et dernier groupe de récits, nous prierons le lecteur de nous accompagner en remontant quelques années en arrière, c'est-à-dire à l'époque du martyre de M. Chapdelaine et de ses compagnons, martyre que nous avons dû indiquer ; seulement, la province qui lui a servi de théâtre n'était point celle qui nous occupe dans ce travail.

Le traité conclu par les soins de M. de Lagrenée, en 1844, entre la France et la Chine, qui, entre autres conditions avantageuses, stipulait qu'à l'avenir la personne des missionnaires européens serait considérée comme sacrée, et qui assurait aux chrétiens liberté entière d'élever des édifices religieux et de se réunir pour l'exercice de leur culte, avait déjà été plusieurs fois indignement violé, toutefois jamais avec autant d'audace qu'à l'occasion de la mort de M. Chapdelaine.

La France tout entière s'émut, et le gouvernement envoya en Chine, à titre de plénipotentiaire, le baron Gros. Le brave amiral Rigault de Genouilly commandait l'escadre.

Canton était en ce moment assiégé par les Anglais, avec lesquels nos troupes devaient agir de concert. On se souvient encore avec admiration en Europe, de cette rapidité d'action, de cette intrépidité qui distinguent aussi bien notre armée de mer que notre armée de terre, et qui, dès que les Français parurent, transformèrent la situation.

« En effet, la ville, que les Anglais avaient déjà attaquée plusieurs fois sans succès, fut emportée au premier assaut que lui donnèrent nos troupes. Ce beau fait d'armes ajouta une gloire nouvelle à la gloire de nos marins et à la renommée militaire de l'amiral.

« Le vice-roi Ye, dont l'arrogance envers les Français n'avait pas connu de bornes, fut fait prisonnier et conduit à Calcutta, où il mourut peu de temps après. Cette capture importante entoura nos armes d'un prestige d'autant plus grand, que c'était là un fait inouï et sans précédent dans l'histoire du Céleste Empire.

« Après avoir pris Shang-haï, les deux escadres se disposaient à remonter jusqu'à Pékin, lorsque survint le traité de paix de 1858 [1]. »

Presque au même moment la persécution dont nous venons de montrer un des épisodes, le martyre des trois derniers confesseurs dont nous avons rapporté le détail, donnait un sanglant démenti aux promesses de protection faites en faveur de l'Église chrétienne en Chine. Une nouvelle expédition fut résolue, et, cette fois encore, la France et l'Angleterre s'unirent dans un but commun.

« L'escadre française, commandée par l'amiral Charner, arrivait le 27 juillet, en même temps que les Anglais, en vue de Pe-tang,

---

[1] *Fleurs des martyrs au* XIX*e siècle,* par A.-S. de Doncourt.

où le débarquement des troupes eut lieu le 1ᵉʳ août.

« Ce fut aux acclamations enthousiastes de toute l'armée que l'avant-garde se porta à l'attaque des forts... Cette expédition conduisit nos soldats jusque dans Pékin, où l'empereur, qui avait quitté sa capitale en fugitif, ne put rentrer qu'après avoir donné satisfaction aux justes exigences de la France et de l'Angleterre.

« Cette expédition, si on la juge au double point de vue de son importance et de ses résultats, était sans précédents [1]. »

Non seulement elle a été le point de départ de nos tentatives et de nos succès sur plusieurs points de l'extrême Orient jusqu'alors inaccessibles à l'influence européenne [2], mais elle a assuré à l'Église de Chine des libertés vraiment inespérées.

« Le 24 octobre pour les Anglais, et le 25 pour les Français, eut lieu la signature des conventions de paix, qui, entre autres articles, assuraient le libre exercice de la religion catholique, et le retour au culte de tous les édifices

---

[1] *Fleurs des martyrs au XIXᵉ siècle*, par A.-S. de Doncourt.

[2] Notamment en Cochinchine.

qui, dans le passé, avaient appartenu à l'Église chinoise.

« C'est ainsi que l'ange tutélaire de la France ouvrit, par les mains victorieuses de nos soldats, les portes de l'antique église de Pékin, fermée depuis 1722.

« Écoutez, ô peuples de l'Orient, écoutez le *Te Deum* retentissant sous ces voûtes saintes ! Pour vous, c'est le chant de l'avenir, le cantique de la délivrance ; c'est la voix des enfants du Christ qui saluent l'aurore de la lumière évangélique se levant sur vous ! »

Néanmoins, en dépit des traités, en dépit de la liberté dont jouit le christianisme à Pékin même, dont les rues étonnées voient se déployer chaque année, à l'occasion de la Fête-Dieu, la pompe solennelle de nos processions, la persécution devait sévir encore dans certaines provinces, et notamment dans le Koúy-tchéou et dans le Su-tchuen [1].

C'est ainsi que dans la première de ces deux provinces, et deux ans à peine après la signature

---

[1] Nous devons nommer au moins dans cette dernière province M. Mabilleau, du diocèse de Nantes, né le 1er mars 1829 et martyrisé le 29 août 1865. C'est le dernier martyr donné par la congrégation des Missions étrangères à l'Église de Chine.

du traité de Pékin, tombait, sous le glaive des satellites, le groupe des martyrs dont nous avons écrit les noms glorieux en tête de ce dernier récit.

II

JEAN-PIERRE NÉEL

ET SES TROIS COMPAGNONS

Né à Sainte-Catherine-sur-Riverie, au diocèse de Lyon, M. Néel, de la société des Missions étrangères, partit le 29 avril 1858 pour se rendre dans le Koúy-tchéou.

Il y travaillait avec une incomparable ardeur au salut des âmes, lorsque, en décembre 1861, Mgr Faurie, vicaire apostolique de la province, ayant appris que le catéchiste Tchéou avait jeté la semence évangélique dans le village de Kia-chà-loûng, et qu'il paraissait y avoir là une importante moisson à faire, s'empressa d'en faire part à M. Néel, en l'engageant à aller visiter cette famille.

Le pieux missionnaire reçut la lettre de son évêque chez M. Muller, où il s'était rendu pour passer le nouvel an français. Il partit aussitôt pour se mettre à la recherche de ses nouvelles ouailles; le 5 janvier il était à Kia-chà-loûng. Dieu bénit son zèle : quatre nouvelles familles se convertirent, et un grand nombre de femmes demandèrent à être instruites de la doctrine chrétienne.

Comme, selon les usages admis en Chine, il n'eût pas été séant de les faire instruire par un catéchiste, M. Néel envoya chercher la vierge Lucie Y, à laquelle nous consacrerons tout à l'heure un paragraphe spécial.

« Cependant, au lieu de quatre catéchumènes qu'il avait trouvés à son arrivée à Kia-chà-loûng, M. Néel en avait plus d'une cinquantaine, sans compter autant de païens qui avaient fait le premier pas. Le missionnaire s'apprêtait à se rendre auprès de son évêque, lorsque le chef de la garde nationale arrêta un chrétien et menaça de le tuer sans entendre raison. Ce même chef de la garde nationale forma le projet de faire main basse sur les nouveaux chrétiens. M. Néel comprit qu'en une telle conjoncture sa place était au milieu de ses néophytes; aussi écrivit-il à Mgr Faurie : « Je devais me mettre

« en route demain pour la capitale ; mais voici
« que le démon vient troubler ma petite sta-
« tion... Je reste au poste pour soutenir mes
« néophytes, dont le plus ancien, Jean Tchang,
« mon hôte, est baptisé depuis ce matin. »

« Cette lettre était datée du 16 février. Aussitôt Mgr Faurie envoie le catéchiste Tchéou, le
même qui avait jeté la première étincelle de la
foi dans ce village, où il connaissait beaucoup de
monde, et entre autres le chef de la garde nationale, qui l'avait très bien reçu l'année précédente. Tchéou quitte Monseigneur le mardi soir,
marche nuit et jour, et, le mercredi 19 février,
arrive à Kia-chà-loûng exténué de fatigue et de
faim. Déjà tout était consommé. Peu s'en fallut
que lui-même ne partageât le sort qu'avaient
eu M. Néel et ses compagnons. Mais, grâce à
sept taëls, il échappe aux satellites, et, reprenant le chemin de la capitale, toujours à marche
forcée, il arrive le samedi soir 21 auprès de
Mgr Faurie. « Gloire à Dieu, évêque, lui dit-il
en se jetant à genoux, encore des martyrs ! »
Puis il lui raconta le triomphe des généreux
confesseurs. Le vicaire apostolique, joignant à
ces détails ceux qu'il put recueillir plus tard,
en dressa la relation du martyre d'où nous
extrayons ces détails.

« Il paraît que la mort de M. Néel était préméditée et décidée d'avance. Le mardi 18 février, dans la soirée (vers quatre heures), une véritable armée de satellites et de gardes nationaux, commandés par des mandarins à cheval et en palanquin, tombent à l'improviste sur la maison où se trouvait M. Néel, et la cernent de tous côtés. Ils saisissent aussitôt le chef de famille, Jean Tchang, le catéchiste Jean Tchên, le baptiseur Martin Oû, et les garrottent fortement. M. Néel, pour gagner un peu de temps, s'enferme dans sa chambre, prend son passeport dans sa poche, jette sous le lit son calice et ses ornements. La fille de la maison le regardait par la fenêtre. La porte vole en éclats, les satellites se jettent en foule sur M. Néel, comme s'ils eussent eu affaire à un terrible adversaire. Ils le garrottent aussitôt. Les femmes de la maison, à la faveur du tumulte, sauvent encore le missel et autres choses saintes. Les satellites enfoncent tous les meubles, emportent pêle-mêle le linge, les habits et autres objets de valeur, et partent avec leur butin et les quatre captifs. Ils dépêchent un détachement pour aller prendre la vierge Y, qui était dans un village voisin. On conduit les prisonniers à la ville de Kay-tchéou, distante de cinq ly (environ deux kilomètres et demi). Pour faire ce trajet, M. Néel est attaché par les cheveux à la queue d'un cheval, et il lui faut courir et galoper au gré du cavalier, et ce triste spectacle excite les rires de la troupe.

« Les prisonniers, arrivés au prétoire, trouvent le mandarin déjà assis sur son **tribunal**. L'interrogatoire n'est pas long :

« — Comment t'appelles-tu ?

« — En chinois on m'appelle Ouên ; mon nom en français est Néel.

« — Mets-toi à genoux comme les autres.

« — Je ne suis pas un Chinois ; je viens de France prêcher la religion à la faveur **du traité** conclu entre nos deux empires. Je ne me mettrai pas à genoux. Je suis un hôte **et non un** criminel. »

« Un soldat se saisit d'une chaîne, l'en frappe rudement sur les épaules et le fait tomber sous les coups la face contre terre. M. Néel se relève sur ses genoux, et veut montrer son **passeport**. « Connu ! connu ! s'écrie le mandarin, ce passeport t'a été délivré par ton gouvernement et non par le nôtre, il ne fait pas foi pour nous. D'ailleurs, il ne s'agit pas de cela. Renonce à cette religion, ou je te fais tuer.

« — Cette injonction est inutile ; tuez-moi, si vous voulez.

« — Cela ne va pas tarder! Et vous, imbéciles, dit-il en se tournant vers les autres, renoncez-vous à cette religion?

« — Jamais! jamais! répondirent-ils tout d'une voix.

« — Tuez-moi toute cette canaille, et qu'on n'en parle plus. »

« Là-dessus le mandarin prit son pinceau et écrivit cette courte sentence : « J'ai découvert une conspiration avant qu'elle éclate, et j'en punis de mort les auteurs. » Pendant qu'il écrivait, un des assesseurs lui dit : « Cet homme a un passeport, c'est certainement un Français, on ne peut le tuer.

« — Tu vas voir bientôt, repartit le mandarin avec ironie, qu'un Français est aussi facile à tuer qu'un Chinois. »

« Puis, comme le convoi se mettait en devoir de partir : « Dépouillez-les, s'écrie-t-il, ils ne sont pas dignes de porter des habits. » Les confesseurs, et surtout M. Néel, s'en défendirent tant qu'ils purent; mais il leur fallut céder à la force. On les mit absolument à nu; on ne leur laissa pas un fil sur le corps. On leur lia les mains derrière le dos, et on les conduisit ainsi, à travers la populace, jusque hors de la ville. A ce moment arrivait par la même route le détachement qui conduisait la vierge Lucie Y. Comme le chemin était étroit, elle croisa M. Néel jusqu'à le toucher. Elle leva les yeux sur lui et les baissa aussitôt en pleurant. A l'instant le convoi s'arrête, et on tranche la tête aux quatre confesseurs. La vierge n'avait dépassé que de quelques pas; elle entendit les coups de sabre, mais ne put rien voir à cause de la foule. Peut-être était-ce pour l'effrayer qu'on les exécuta en sa présence; car on était encore assez loin du champ des exécutions. C'est le chef de la garde nationale de Kia-châ-loûng qui décapita M. Néel de sa propre main. Il avait revendiqué cet honneur, tant pour montrer son habileté que pour assouvir sa haine contre les chrétiens.

« Au moment où la tête de M. Néel roulait sur le sol, une nuée lumineuse descendit rapidement du ciel comme suspendue par un fil, resta immobile quelques instants au-dessus de son corps, et s'évanouit. La foule des païens en fut effrayée, mais le bourreau plus que les autres; et les gens du pays qui sont venus ici nous faire part de cette nouvelle, nous assurent que ce chef est encore tout troublé et craint réellement d'avoir fait une mauvaise action. « Ce prodige, ajoute Mgr Faurie, n'étonna personne de ceux qui ont connu M. Néel : c'était un saint. »

« Le mandarin, continue-t-il, ordonna qu'on abandonnât leurs corps sans sépulture, afin qu'ils fussent dévorés par les loups et les léopards, qui abondent en ces parages, les loups surtout. Ils rôdent la nuit par bandes de trente à quarante et savent bien la route de ce champ de carnage. Il n'est pas rare de voir, même en plein jour, les chiens commencer cette horrible curée. J'ai vu de mes propres yeux, sous les murs même de cette métropole, les chiens se disputer des lambeaux d'un cadavre humain, et l'un d'eux emporter une jambe entière qu'il traîna jusqu'à la maison de son maître, à plus de deux cents pas de distance. Des vols de corbeaux le poursuivaient en croassant; c'était horrible. Voilà le sort qu'ont eu les précieux restes de nos chers martyrs[1]. »

---

[1] Extrait, par les auteurs de *la Salle des martyrs*, du journal de *Kouy-tchéou* et de la *Relation latine de Mgr Faurie*. La suite de ce récit est puisée à la même source.

III

LUCIE Y

Lucie Y, dont le nom se trouve plusieurs fois mêlé à celui du pieux confesseur dont nous venons de raconter la mort glorieuse, mort qui sera aussi celle de l'illustre vierge chinoise, était née d'une famille de chrétiens zélés. Elle-même s'était distinguée par les plus édifiantes vertus dans la chrétienté à laquelle elle appartenait. La grâce du martyre avait été, dès sa plus tendre jeunesse, l'objet constant de ses vifs désirs, à ce point que lorsque, en 1858, elle apprit le supplice de la vierge Agathe Lîn, elle fit auprès de Mgr Faurie les plus vives instances pour obtenir d'aller remplacer sa pieuse compagne sur le théâtre même de la persécution. Mgr Faurie ne le lui permit pas ; il la réservait pour quelque occasion où tout à la fois elle courrait moins de risques et pourrait plus fructueusement exercer son zèle.

Nous avons dit comment cette occasion se présenta quand l'héroïque chrétienne reçut le message de M. Néel ; bien loin de chercher à la retenir, son frère, le docteur Y, l'encouragea.

« Va, lui dit-il en la congédiant, va, ma sœur, sois bien obéissante, et travaille avec zèle au salut des âmes, comme si tu devais être martyre à la fin de la campagne.

— Plaise à Dieu ! répondit-elle ; mais je n'ose plus guère l'espérer. »

Et elle se rendit au poste où l'appelait l'obéissance, et où M. Néel travaillait à la gloire de Dieu avec le baptiseur Martin Oû, et Jean Tchên et son catéchiste.

Arrêtée un peu après les saints martyrs, et conduite par le chemin qu'ils suivaient pour aller à la mort, la pieuse vierge put voir les ignominies dont on les abreuvait. Bien plus, elle entendit le choc du glaive s'abattant sur leurs têtes vénérables. Alors, comme le sainte mère des miséricordes rencontrant son divin fils sur la voie du Calvaire, elle versa des larmes amères.

Toutefois sur qui pleurait-elle? sur les disciples fidèles jusqu'à la mort au Dieu de la croix? Non, sa foi était trop vive pour qu'elle ne se réjouît pas, au contraire, en les voyant prêts à entrer en conquérants au port du salut!... Avec le sauveur Jésus, avec la divine mère, gémissant sur l'aveuglement et le crime de Jérusalem, elle pleurait sur sa malheureuse patrie, sur cette terre qui, depuis tant de siècles, s'obstine à repousser la lumière que nos missionnaires lui apportent, et s'abreuve à flots de leur sang généreux !...

Cependant, et bien qu'il fît déjà presque nui,, le mandarin fit conduire Lucie Y au prétoire, et s'y rendit lui-même.

« Je te veux du bien, lui dit-il, et je désire te sauver la vie; mais il faut que tu renonces à cette religion et que tu te maries.

— Par la grâce de Dieu, je ne ferai ni l'un ni l'autre.

— Je te donne une nuit de réflexion, et demain tu diras ton dernier mot. Remarque qu'il y va de ta tête.

— Mon dernier mot est dit, il n'est pas nécessaire d'attendre à demain. Tuez-moi tout de suite.

— Non, j'ai pitié de toi, je veux te laisser réfléchir. »

Le lendemain, vers l'heure du déjeuner, les satellites viennent prendre Lucie et la conduisent à l'interrogatoire.

« Eh bien ! dit le mandarin, as-tu réfléchi ? Veux-tu renoncer à cette religion ?

— Ce que j'ai répondu hier, je le réponds aujourd'hui. Je vous ai déjà averti, mandarin, qu'il était inutile de me donner du temps pour réfléchir. J'ai quarante-huit ans, et ce n'est pas sans réflexion que j'ai persévéré si longtemps dans cette religion que je sais être la seule vraie.

— Quelle obstination ! Enlevez-lui ses habits comme à ceux d'hier, et qu'on la conduise au supplice. »

Les satellites lui arrachent ses vêtements. Elle s'en défend et crie au mandarin :

« Comment ! vous ne respectez pas même le sexe qui vous a donné le jour ! Est-ce que vous n'avez pas de mère, vous ?

— Elle a raison, » dit le mandarin.

Puis, reprenant son ton sévère :

« Maintenant tu vois que c'est sérieux, on va te tuer. Veux-tu apostasier ?

— Non, non, dix mille fois non.

— Eh bien! qu'on lui tranche la tête. »

Aussitôt les satellites la conduisent au lieu du supplice, la décapitent et jettent son corps à la voirie.

IV

LES RESTES DES MARTYRS

Dès qu'il reçut la nouvelle de la mort des cinq martyrs, M⁣ℊʳ Faurie se préoccupa de recueillir leurs restes précieux. « Il envoya donc une famille de pauvres chrétiens qui allèrent parcourir, en mendiant, le pays et les montagnes environnantes, pour tâcher de retrouver quelques-uns de leurs ossements. Rien n'était demeuré sur le lieu de l'exécution. Ils ne purent recueillir que quelques lambeaux des habits de la vierge, et entre autres ses souliers et ses chaussons, qu'ils trouvèrent dispersés dans diverses directions et à de grandes distances, mais pas de vestiges de leurs ossements. Ils virent les cinq têtes suspendues au haut des remparts, et firent, la nuit, de vains efforts pour s'en saisir. L'évêque organisa une nouvelle expédition. Il choisit pour cela cinq jeunes gens courageux.

« Cette expédition réussit mieux que la première, et le 6 mars les cinq têtes et le morceau de la corde qui les suspendait, et qu'on avait tranchée d'un coup de sabre, étaient remis aux mains de Mgr Faurie. La tête de M. Néel avait été tranchée d'un seul coup. Celles des autres présentaient des coups moins unis. Mais celle de la vierge Lucie était hachée. Le premier coup avait enlevé toute la base du crâne, et était venu aboutir à la jonction des mâchoires, sous les oreilles. Le bourreau avait dû ensuite donner un demi-tour de sabre pour contourner l'os maxillaire, et aboutir en sciant sous le menton. Aussi avait-elle la face couverte de sang. » Les têtes furent déposées dans une grande urne de faïence, et, au milieu de la nuit, enfouies dans un champ à distance du collège, car on craignait des perquisitions. Mais, comme tout demeura calme, on les retira au bout de quinze jours, et elles furent déposées dans une longue caisse à cinq compartiments marqués de numéros d'ordre, puis placées dans le caveau de

Mgr Albrand, où les avaient déjà précédées les trois martyrs de 1858. »

Les souvenirs de ces derniers et saints martyrs du Koúy-tchéou ne manquent pas dans la salle des Martyrs.

Sans compter deux portraits de M. Néel, on y possède un morceau de la corde qui a servi à suspendre leurs têtes vénérables pendant qu'elles demeurèrent sur les murailles de la ville de Koúy-tchéou, et une boucle de cheveux de chacun des cinq héros de la foi.

De plus et ayant appartenu à M. Néel : 1º le *Manuel des mères de famille;* ce volume porte à la première page le nom du pieux missionnaire écrit de sa main;

2º Une burette à baptiser;

3º Une bourse et un corporal pour le saint viatique;

4º Des bas chinois.

CONCLUSION

Nous ne saurions mieux, il nous semble, clore ces lignes, écrites à la gloire des martyrs et à celle de notre France, qui est la patrie par excellence des soldats du Christ, des champions de la foi, qu'en empruntant à M. Anatole de Ségur la magnifique page que lui a inspirée ce grand sujet, tout à la fois chrétien et national.

« Voilà, s'écrie-t-il, ce que sont les vrais serviteurs de Jésus-Christ, les missionnaires et les martyrs! Voilà les hommes qu'enfante la sainte Église catholique, et qu'elle enfante seule depuis dix-huit cents ans[1]! Voilà, entre mille

---

[1] « Car, en bonne conscience, on ne peut appeler missionnaires ces honnêtes ministres, bons époux et bons pères, qui vont s'établir avec leurs femmes et leurs enfants sur des rivages sûrs et bien protégés, pour donner des bibles et vendre du coton; et, quant aux martyrs, je ne

autres réponses, sa réponse la plus frappante peut-être à tous les outrages de ses ennemis, à toutes les difficultés des incrédules, à toutes les prétentions des hérétiques! Elle montre ses missionnaires, ses sœurs de charité, ses martyrs et ses saints! Aujourd'hui, comme il y a dix-huit siècles, ce sont là ses joyaux, ses diamants et ses perles. C'est la couronne immortelle et inimitable à laquelle le monde a toujours reconnu sa souveraine et sa mère. Un grand sage l'a dit : « Le beau est la splendeur du vrai; » et l'on peut dire, en appliquant cette sublime pensée à l'Église, que la sainteté de ses vierges, de ses confesseurs et de ses martyrs, qui réalise le type du beau moral ici-bas, est le signe, le rayonnement et la splendeur de son inaltérable vérité.

« Ce signe incommunicable de la royauté et de la vérité, non seulement l'Église l'a seule, mais elle l'a toujours! Elle l'avait hier, elle l'a aujourd'hui, elle l'aura demain. Image de Dieu, qui agit et crée incessamment, incessamment elle tire de son sein des enfants de grâce et

reconnais pour tels que ces hommes qui donnent leur vie pour la vérité, et qui meurent volontairement, doucement, humblement, en priant pour leurs ennemis et en pardonnant à leurs bourreaux. »

d'amour. Plus ou moins féconde, selon les circonstances et les époques, jamais elle ne demeure inactive ni stérile, et c'est ainsi, pour rester ainsi, pour rester dans le cercle déjà si vaste de mon sujet, que cette histoire des missionnaires et des martyrs va se continuant et se développant tous les jours.

« Oui, tous les jours, dans ce séminaire des Missions étrangères, dans cette vénérable chambre des Martyrs, devant leurs ossements sacrés, des prêtres s'agenouillent et demandent à Dieu comme une faveur incomparable la grâce d'aller à leur tour prêcher son nom aux infidèles, et comme unique récompense le bonheur de souffrir et de mourir pour lui! De tous les points de la France, des engagés volontaires viennent incessamment recruter cette sainte milice, et remplir les vides qu'y font les fatigues, les souffrances et la mort! Il ne se passe point d'année sans que plusieurs départs de missionnaires aient lieu, et il ne se passe guère d'année non plus sans que quelque nom vienne s'ajouter à la liste funèbre et glorieuse des martyrs. »

FIN

TABLE

LA SALLE DES MARTYRS

I. — Un dernier martyr.	9
II. — Le séminaire des Missions étrangères.	15
III. — La salle des Martyrs	24
IV. — Les châsses des Martyrs	32

NOTICES
SUR
PLUSIEURS MARTYRS CHINOIS

LE VÉNÉRABLE JOACHIM HO

Mis a mort pour la foi le 2 juillet 1839 dans la capitale du Koúy-tchéou, en Chine 45

I. — Commencement de la mission du Koúy-tchéou. — Naissance, enfance, éducation du vénérable Joachim Hô. 48

II. — Conversion. — Baptême du vénérable Joachim Hô. 65
III. — Mariage de Joachim selon les coutumes chinoises. 81
IV. — Exil de Joachim Hô. 89
V. — Vie de Joachim Hô après son retour de l'exil. 98
VI. — Retour de Joachim à Koúy-yang. — Visite d'une chrétienté par le missionnaire. . . . 105
VII. — Nouvelle persécution. — Joachim Hô est arrêté. — Son interrogatoire. — Ses tourments. — Sa condamnation à mort. — Son martyre. 114
VIII. — Sépulture de Joachim Hô. — Sa maison détruite par les païens, relevée, convertie en oratoire. — Joachim déclaré vénérable. — Ses dépouilles transportées au séminaire des Missions étrangères. — Guérisons obtenues par l'intercession de Joachim Hô. 127

PIERRE HOU

Né en 1767, martyrisé le 7 novembre 1814, déclaré vénérable par le pape Grégoire XVI le 9 juillet 1843 139

PIERRE LIEOU

Martyrisé le 17 mai 1834, déclaré vénérable par le pape Grégoire XVI, le 9 juillet 1843. . . . 157

JÉROME LOU, LAURENT OUANG ET AGATHE LIN

Martyrisés le 28 janvier 1858. 163
I. — Jérôme Loû. . . . . *Ibid.*

II. — Agathe Lîn, née vers 1817.	172
III. — Laurent Ouâng.	174
IV. — Le martyre, 28 janvier 1858.	177

JEAN PIERRE NÉEL, JEAN TCHÊN, MARTIN OU, JEAN TCHANG ET LUCIE Y

Martyrisés les 18 et 19 février 1862.	187
I. — Coup d'œil rétrospectif.	*Ibid.*
II. — Jean Pierre Néel et ses trois compagnons	193
III. — Lucie Y	201
IV. — Les restes des martyrs	206
Conclusion.	209

14579. — Tours, impr. Mame.

FORMAT IN-12 — 3ᵉ SÉRIE

BIBLIOTHÈQUE ÉDIFIANTE

Anna-Maria Taïgi (vie de la bienheureuse), par le R. P. Marie-Antonin.

Anecdoctes chrétiennes, par l'abbé Reyre.

Clergé de France (le), par Édouard Hocquard.

École des Mœurs (l'), de Blanchard, 2 vol.

Esther, ou l'empire de la vertu, par M. l'abbé Henry.

Évangile de la Jeunesse, par M. l'abbé Pinard.

Grotte de Lourdes (hist. de la), par l'abbé A. Aubert.

Histoires édifiantes et curieuses, par Baudrand.

Jeanne-Marie de Maillé (vie de la bienheureuse), par MM. Bourassé et Janvier.

Jeunes Martyres de la Foi chrétienne (les).

Léon XIII (notre saint Père le Pape), par Charles Buet.

Montagne de la Salette (histoire de la), par l'abbé A. Aubert.

Mœurs des Israélites et des Chrétiens, par l'abbé Fleury.

N.-S. Jésus-Christ (vie de), par M. l'abbé Arnaud.

Sainte Adélaïde (vie de), impératrice d'Allemagne, par D. S.

Saint Alphonse de Liguori (vie de), par D. S.

Saint Ambroise (histoire de), par D. S.

Saint Bernard (histoire de), par D. S.

Sainte Clotilde (vie de), reine de France, par M. l'abbé D***.

Sainte Élisabeth de Hongrie (histoire de), par D. S.

Saint Étienne Harding (vie de), fondateur de Citeaux.

Saint François d'Assise (vie de), par l'abbé Berthaumier.

Saint François de Paule (vie de), par M. Sénéquier.

Saint François de Sales (vie de), par M. l'abbé D...

Saint François Xavier (vie de), apôtre des Indes et du Japon.

Sainte Geneviève (vie de), patronne de Paris, par D. S.

Saint Jean-Baptiste (histoire de), par M. l'abbé Henry.

Saint Joseph, par le P. Marcel Bouix, de la Compagnie de Jésus.

Saint Louis (histoire de), par de Bury.

Saint Louis de Gonzague et saint Stanislas Kostka.

Saint Martin (vie de), par D. S.

Sainte Monique (vie de), par D. S.

Saint Paul (histoire de), apôtre des Gentils, par D. S.

Saint Pierre (histoire de), par M. Vincent.

Saint Prophète Daniel (histoire du), par M. l'abbé Henry.

Saint Roi David (histoire du), par M. l'abbé Henry.

Sainte Thérèse (vie de), par M. de Villefore.

Saint Vincent de Paul (vie de), par Collet.

Salle des Martyrs (la), par le P. Perny.

Tobie, par M. l'abbé Henry.

Vies des Saints de l'Atelier, 1ʳᵉ série.

Vies des Saints de l'Atelier, 2ᵉ série.

Tours. — Imprimerie Mame.

www.ingramcontent.com/pod-product-compliance
Lightning Source LLC
Chambersburg PA
CBHW051919160426
43198CB00012B/1961